D1721848

101
TRAUM
STRÄNDE

Erleben Sie eine farbenprächtige Reise um die Welt

garant

Impressum

© **garant** Verlag GmbH, Renningen, 2017
Konzeption, Layout und Produktion:
Budde Medien, Dortmund
Umschlaggestaltung: Eva Haberland, garant Verlag
ISBN 978-3-7359-1239-8

Erfahren Sie mehr!

Vorwort

Liebe Leserin, lieber Leser,

wie in den bereits erschienenen Bänden „101 Traumstädte" und „101 Traumziele" laden wir Sie auch in diesem Buch zu einer besonderen Reise um die Welt ein.

Wir haben 101 bekannte und weniger bekannte Traumstrände für Sie ausgewählt, die Sie nicht versäumen sollten – von der Copacabana in Rio de Janeiro bis zum Seebad Warnemünde bei Rostock, vom Strand in Abu Dhabi bis zum Zuma Beach in Kalifornien, wo die weltweit erfolgreiche amerikanische Fernsehserie „Baywatch" gedreht wurde.

Von A bis Z lernen Sie eine Fülle faszinierender Eindrücke auf allen Kontinenten kennen, illustriert von fantastischen farbigen Aufnahmen. Die Traumstrände der Welt bieten imposante Möglichkeiten zum Baden, Surfen, Schnorcheln und Entspannen sowie zum Erkunden malerischer Küstenlandschaften und Naturschutzparks.

Zu den Hintergrundinformationen gehören Erläuterungen zu Geschichte und Gegenwart, zum Naturraum sowie zu kulturellen und landestypischen Besonderheiten. Zu jedem ausgewählten Traumstrand finden Sie in einem übersichtlichen Kasten kurz zusammengefasst Angaben über das zugehörige Land und die Region sowie die beste Reisezeit.

Bei den 101 Traumstränden dieser Welt ist für jeden etwas dabei. Wir wünschen Ihnen viel Spaß bei der Lektüre und bei der nächsten Reise zu einer der vorgestellten Sehenswürdigkeiten!

Die Redaktion

Inhalt

Ein Badeparadies im Indischen Ozean

Anse Lazio auf der Seychellen-Insel Praslin vor der Küste Ostafrikas gehört zu den schönsten Stränden der Welt. Nach Einbruch der Dunkelheit sind die Einheimischen meist unter sich.

Republik der Inseln

Zum Staatsgebiet der Republik Seychellen im Indischen Ozean gehören etwa 115 Inseln, darunter 42 Granitinseln und 73 Koralleninseln. Nach der Hauptinsel Mahé ist Praslin das zweitgrößte Eiland mit rund 12 km Länge und etwa 5 km Breite. Die beiden Bezirke Grand Anse und Baie Sainte Anne teilen Praslin auf beiden Seiten einer Bergkette von Nordwesten nach Südosten.

Eine stille Bucht

Die kleine Bucht Anse Lazio im Norden der Insel Praslin ist touristisch noch wenig erschlossen, aber umso traumhafter. Türkisblaues Wasser, weicher Sand, Palmen und Granitfelsen prägen ihr Bild. Dem Strand ist kein Riff vorgelagert, es gibt normale Gezeiten. Anse Lazio lädt zum Schwimmen, Schnorcheln und Sonnenbaden ein – und zum exotischen Träumen am Abend, wenn die wenigen Touristen in ihre Hotels zurückgekehrt sind und der Strand den freundlichen Einheimischen gehört.

Auf einen Blick
ANSE LAZIO
Land: Seychellen **Region:** Insel Praslin **Beste Reisezeit:** Frühjahr und Herbst

Paradies auf der Seychelleninsel Praslin

9

Schöne Aussichten am Kap der Hoffnung

Mit Blick auf den Tafelberg und den Atlantik bieten sich an der Südspitze des afrikanischen Kontinents atemberaubende Gelegenheiten zum Sonnenbaden und Entspannen.

Riviera in Südafrika

Der Stadtteil Camps Bay in Kapstadt gilt als einer der schönsten Küstenorte an der Atlantikküste Südafrikas. Die südafrikanische Riviera mit ihrem weißen Sandstrand ist eingebettet in die bis zu 500 m hohe Bergkette Twelve Apostles und dem Meer. Hier können die Gäste in der Sonne baden und sich entspannen. Wer in den Atlantik steigt, muss hartgesotten sein, denn das Wasser wird nur selten wärmer als 16 °C.

Wer klettern möchte, sollte zum 1000 m hohen Tafelberg hinaufsteigen. Von hier eröffnet sich ein traumhafter Blick über die Küstenregion.

AUF EINEN BLICK
CAMPS BAY BEACH
Land: Südafrika
Ort: Kapstadt
Beste Reisezeit: Frühjahr und Herbst

Weißer Sand und blauer Ozean auf der Kap-Halbinsel

Bummeln lohnt sich

Kapstadt liegt in einer Wein- und Obstanbauregion. Von hier erreicht man in rund eineinhalb Autostunden das Kap der guten Hoffnung, das der Stadt ihren Namen gab. Kapstadts Architektur prägt ein eigenwilliger Kolonialstil. Maritime Atmosphäre vor der Kulisse des Tafelbergs bietet das restaurierte Hafenviertel Victoria & Alfred Waterfront, in dem Geschäfte und Restaurants zum Bummeln und Genießen einladen.

Brandung am Camps Bay Beach in der Tafelbucht vor den Toren Kapstadts in Südafrika

11

Endloser Sand an der Ostküste Afrikas

Diani Beach ist ein weißer Traum auf dem schwarzen Kontinent, ideal zum Baden und Wandern im Sand. Zum Landesinnern schließt sich ein Naturschutzgebiet mit einer Affenkolonie an.

Sand und Natur hautnah

Feiner weißer Sand, so weit man schauen kann. Diani Beach zieht sich 25 km an der kenianischen Südküste entlang. Der Strand gleitet sanft ins Meer hinein. Die vorgelagerten Korallenriffe, die Taucher erfreuen, halten Raubfische wie Haie vom flachen Wasser fern und brechen die Wellen.

Unmittelbar an den Strand schließen sich zum Landesinnern die Reste des Küstenwaldes Jadini Forest an. Hier lebt die größte kenianische Kolonie an Angola-Stummelaffen. Sie stehen unter Artenschutz und können über Hängebrücken (Colobridges) gefahrlos die Straßen überqueren.

> ### AUF EINEN BLICK
>
> ### DIANI BEACH
> **Land:** Kenia
> **Orte:** Ukunda, Msambweni
> **Beste Reisezeit:** Juni bis Oktober

Sonnenaufgang am Diani Beach in Kenia

Badefreuden und ein Hauch von Orient

Auf der Urlaubsinsel vor der Küste Tunesiens gibt es mehrere schöne Strände, von denen der von Sidi Mahres der bekannteste ist. Darüber hinaus lockt Djerba mit orientalischem Flair.

Reitervorführung am Strand von Djerba in Tunesien

Sand und Natur hautnah

Der rund 17 km lange Strand von Sidi Mahres mit seinem flach abfallenden Sand ist einer der schönsten der Insel, bei dem sich vor allem der fantastische Sonnenaufgang lohnt. Djerba bietet aber noch viel mehr als Sonne und Wasser. Große Palmen- und Olivenhaine Prägen die Landschaft der Insel. Zu den kulturellen und landestypischen Highlights gehören u. a. die Höhlenwohnungen von Matmata, die Wüstenoase Ksar Ghilaine, die Inselhauptstadt Houmt Souk, die alten Moscheen, die jüdische Synagoge La Ghriba und das malerische Töpferdorf Guellala.

AUF EINEN BLICK
DJERBA
Land: Tunesien **Ort:** Sidi Mahres **Beste Reisezeit:** Frühjahr und Herbst

Einen Inseltraum beim Kurztrip erleben

Die der Ostküste von Mauritius vorgelagerte Insel Ile aux Cerfs bietet Tagesurlaubern, die vom Festland kommen, türkisblaues Wasser, feine weiße Sandstrände und sattgrüne Palmen.

Tipp für eine Tagestour

Die Ile aux Cerfs liegt in der größten Lagune von Mauritius nahe des Küstenorts Trou d'Eau Douce und ist mit einem Boot erreichbar. Sie erhielt ihren Namen von Hirschen (französ. cerfs), die niederländische Siedler im 17. Jahrhundert zur Jagd einführten, heute aber verschwunden sind. Zur Vegetation gehören Kängurubäume, Palmen und Mangroven. Es gibt mehrere gekennzeichnete Badebuchten mit feinen weißen Sandstränden. Den 18-Loch-Golfplatz hat kein

Geringerer als der langjährige deutsche Weltklassespieler Bernhard Langer konzipiert.

Türkisfarbene Lagune mit feinem Sand auf der Ile aux Cerfs, Mauritius

Kombo Beach Hotel in Kotu, Gambia

Am Strand vor der Küste Westafrikas

An der westafrikanischen Atlantikküste bildet Kotu eine der bekanntesten Strandoasen. Weißer Sand, Palmen und mittelhohe Wellen prägen die Landschaft an der Küste Gambias.

An der Flussmündung

Der Ortsteil Kotu der Gemeinde Kanifing ist benannt nach dem gleichnamigen kleinen Gewässer, das hier ins Meer fließt. An seiner Mündung liegt der Strandabschnitt Kotu Beach an einem Kap (Kotu Point). Weiter südlich erstreckt sich der Kololi Beach. Hier befinden sich mehrere größere Hotels bzw. Hotelanlagen. Entlang der weißen Strände lohnt sich ein romantischer Spaziergang. Dabei lassen sich auch Muscheln beobachten.

AUF EINEN BLICK

KOTU BEACH
Land: Gambia
Ort: Kanifing
Beste Reisezeit: November bis Februar

Aber Vorsicht beim Barfußlaufen, einige Muscheln haben scharfe Kanten und könnten leicht zu Verletzungen führen! Für natürliche Erfrischung sorgt ein konstanter Wind.

Stumme Zeugen am tosenden Meer

Die roten Gesteinsformationen beim Küstenort Legzira gehören zu den bedeutendsten Sehenswürdigkeiten Marokkos. Eines der spektakulären Steintore musste dem Zahn der Zeit Tribut zollen.

Tore aus rotem Stein

Legzira liegt einsam und nahezu unberührt an der marokkanischen Atlantikküste etwa 150 km südlich von Agadir. Die nächstgrößere Stadt ist Sidi Ifni. Die Wellen bei Legzira sind besonders bei Surfern aus aller Welt beliebt.

Am Strand befanden sich bis zum Jahr 2016 zwei riesige rote Steintore, von denen eines witterungsbedingt als Folge jahrtausendelanger Erosion durch Wind und Salzwasser inzwischen zusammengefallen ist.

Verschiedene Wege

Wer gern zu Fuß unterwegs ist, kann von Sidi Ifni aus zu einem Marsch von etwa 7 km nach Legzira aufbrechen. Manchmal watet man bis zu den Oberschenkeln im Wasser, um an einem der

---

AUF EINEN BLICK

LEGZIRA BEACH
Land: Marokko
Orte: Legzira, Sidi Ifni
Beste Reisezeit: April bis November

Steine vorbeizukommen. Es lohnt sich auch der Weg über die Klippen, denn von dort bietet sich ein herrlicher Blick Richtung Meer und Felswüste.

Die 300 bis 500 m breite Bucht ist immer noch kaum erschlossen. Vor allem naturinteressierte Gäste sollten Legzira besuchen, solange das andere Tor noch steht! Sonnenbaden kann man an dem rund 3 km langen feinen Sandstrand auch sehr schön.

Es können auch Mopeds für eine Fahrt entlang der malerischen Küste und naturbelassener Strände gemietet werden. Die meisten Urlauber halten sich am vorderen Strandabschnitt auf, wo es einige gastronomische Betriebe gibt.

Rote Gesteinsformationen an der Küste Legziras; leider ist eines der Tore bereits zusammengefallen.

Bunte Artenvielvielfalt im Roten Meer

Die Südspitze der Sinaihalbinsel in Ägypten ist ein Mekka für Taucher, Sonnenhungrige, Badenixen und unternehmungslustige Nachtschwärmer. Ein Teil des Gebiets steht unter Naturschutz.

Natürliches Aquarium

Ras Mohammed, der südlichste Punkt des Sinai, ist für sich eine kleine Halbinsel, die durch eine Landzunge mit dem Sinai verbunden ist. Sie ist ca. 5 km lang und 3,5 km breit. Der Block fossiler Korallen wurde vor langer Zeit angehoben, der höchste Punkt ist 73 m. Ras Mohammed teilt das Rote Meer in den Golf von Aqaba und den Golf von Sues. Zu einem der klassischen Bootsausflüge gehört das ausgiebige Schnorcheln, um die bunte Unterwasserwelt zu beobachten. Wegen ihrer Schönheit und wissenschaftlichen Bedeutung ist die Region seit 1983 ein Naturreservat.

Mondänes Seebad

Ca. 20 km nordöstlich von Ras Mohammed befindet sich Sharm el Sheik, eines der berühmtesten Seebäder Ägyptens.

Unterwasserriff bei Ras Mohammed, einer Landzunge an der Südspitze der Sinaihalbinsel

Markante Küstenlinien und tiefblaues Meer, Markenzeichen von Ras Mohammed

Hier lässt sich an mehreren Stränden viel erleben: Der stark besuchte Viva Beach versprüht vor allem am Abend mit seinen Lichterketten und Kerzen romantisches orientalisches Flair. Ghazala Beach begeistert mit seinem bunten Korallenriff, die Strandpromenade an der Naama Bay lädt zu einem ausgedehnten Spaziergang ein.

Der relativ mondäne Badeort Sharm el Sheik ist mit seinen zahlreichen Restaurants, Märkten, Diskotheken und Golfanlagen ganz auf den nationalen und internationalen Tourismus ausgerichtet.

AUF EINEN BLICK

**RAS MOHAMMED/
SHARM EL SHEIK**

Land: Ägypten
Ort: Sharm el Sheik
Beste Reisezeit: Frühjahr und Herbst

Eine weiße Perle im Indischen Ozean

Mit seinen weißen Sandstränden, dem türkisfarbenen Meer und den schräg herunterhängenden Palmen erfüllt der Archipel vor der Küste Tansanias nahezu alle touristischen Sehnsüchte.

Inseln der Vielfalt

Der halbautonome Teilstaat Sansibar in Ostafrika besteht aus den drei Hauptinseln Unguja, Pemba und Latham. Neben Sonne, Sand und Meer locken die vielen kleinen Fischerdörfer zwischen den Stränden. Hier können sich Reisende von der Gastfreundschaft der fröhlichen Insulaner verzaubern lassen und vom Alltag abschalten. Einen Besuch lohnt

AUF EINEN BLICK
SANSIBAR
Land: Tansania
Orte: Nakupenda, Paje
Beste Reisezeit: Juni bis Oktober

ebenfalls die Weltkulturerbestätte Stone Town, der alte Kern von Sansibar-Stadt.

Ferienhütten im Badeparadies Sansibar direkt am Indischen Ozean

Nakupenda und Paje

Den weißen Traumstrand auf der kleinen Insel Nakupenda, die eigentlich nur eine Sandbank im Indischen Ozean ist, kann man mit einem kleinen Boot leicht erreichen. Auf der etwas belebten Insel werden Fisch-, Garnelen- und sogar Hummergerichte sowie tropische Früchte angeboten. Auch die Insel Paje hat einen traumhaft schönen, breiten, kilometerlangen Strand. Den stets kräftig wehenden Wind nutzen die Kitesurfer auf dem Wasser. Wer es etwas ruhiger mag, ist in Matemwe oder Jambiani richtig. Rund um Sansibar kann man die bunte Unterwasserwelt mit vorgelagerten Korallenriffen entdecken.

Ausflugsboot am Strand von Sansibar

Vom Wüstensand zum rauen Meer

Hier gibt es keine Traumstrände zu sehen. Doch die Skelettküste im Norden Namibias ist eine teilweise zugängliche wildromantische Landschaft und einer der weltgrößten Schiffsfriedhöfe.

Gottes Zorn und Tor zur Hölle

Entlang der rauen, teilweise unzugänglichen Skelettküste liegen Hunderte von Schiffswracks meist in Ufernähe und am Strand. Sie rotten seit Jahrzehnten vor sich hin. Der Name Skeleton Coast geht auf den Schriftsteller John Henry Marsh zurück, der sein 1944 erschienenes Buch über die im Jahr 1941 gesunkene MV Dunedin so benannte.

Die Buschmänner bezeichneten die wilde und gefährliche Region als „Land, das Gott im Zorn erschuf", portugiesische Seefahrer sprachen vom „Tor der Hölle". Direkt an der Küste beginnt die endlose Sandwüste Namibias.

AUF EINEN BLICK

SKELETON COAST

Land: Namibia
Orte: Terrace Bay, Torra Bay
Beste Reisezeit: Juni bis September

Wellenförmige Sandwüste der Skeleton Coast

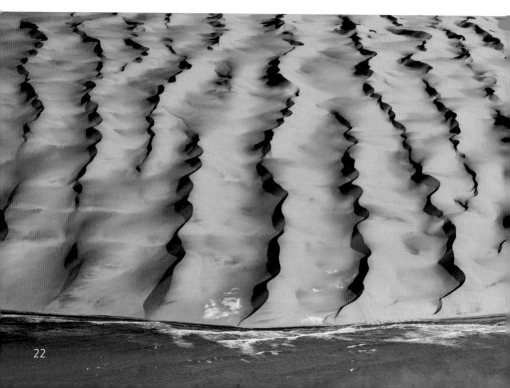

Wenige Menschen, viele Tiere

Der etwa 500 km lange, windreiche Skeleton Coast Park ist nur eingeschränkt zu betreten. Der südliche Teil bis Terrace Bay ist mit einer Erlaubnis frei zugänglich. Dieses Naherholungsgebiet ist wegen seines Fischreichtums bei ambitionierten Anglern sehr beliebt.

Der nördliche Teil kann nur im Rahmen einer Safari bereist werden. Zur reichen Tierwelt im und am Wasser sowie im Hinterland gehören Ohrenrobben, die in riesigen Kolonien hier leben, Schabrackenschakale, Schabrackenhyänen, einige Wüstenlöwen sowie Elefanten, Giraffen und Nashörner, Gemsböcke, Kudus und Zebras.

Teile eines Schiffswracks an der Skelettküste

Sonnenaufgang am Strand von Abu Dhabi

Urlaubsträume am Persischen Golf

Die Boomtown Abu Dhabi liegt im Wesentlichen auf einer Insel im Persischen Golf. Wie das Nachbaremirat Dubai hat sie den Tourismus entdeckt und lockt mit Luxus vom Feinsten.

Schöne und Reiche

Abu Dhabi wächst und wächst wie die anderen Großstädte am Persischen Golf. Bis 2030 wird sich die Einwohnerzahl auf rund 3 Mio. verdoppeln. Jahr für Jahr entstehen neue Megahotels mit üppigen Anlagen meist für wohlhabende Gäste aus aller Welt.

In den Shopping Malls der Stadt liegen Luxusartikel vom dicken Klunker bis zum feinen Edelwässerchen aus. Die Einnahmen aus dem Erdölgeschäft sind in Abu Dhabi gut angelegt, und die arabische Oberschicht hat nicht allzu viele Konsummekkas vor der Haustür.

Moderne Skyline Abu Dhabis hinter dem Strand

Wüstensand und Wasser

Der für die Öffentlichkeit allgemein zugängliche Corniche Public Beach liegt direkt im Stadtkern der arabischen Metropole. Er erhielt das international anerkannte Gütesiegel der Blauen Flagge für saubere und sichere Badegewässer. Der ebenfalls öffentliche lange und breite Saadiyat-Strand ermöglicht ausgiebige Spaziergänge, am besten gegen Abend, wenn die große Hitze auf der Arabischen Halbinsel allmählich erträglicher wird. In dem exklusiven Villenviertel Al Bateen westlich von Abu Dhabi bietet der Strand malerische Aussichten und klares Wasser. Einheimische kommen hierher zum Angeln, Schwimmen und für Strand-Picknicks. Hier kann man das arabische Flair besonders gut erleben.

AUF EINEN BLICK

ABU DHABI

Land: Vereinigte Arabische Emirate
Ort: Abu Dhabi
Beste Reisezeit: November bis März

Badevergnügen am Indischen Ozean

Der ruhig gelegene Agonda Beach an der Küste des kleinen westindischen Bundesstaates Goa bietet neben Badevergnügen im flachen, wellenreichen Wasser schöne Spaziergänge.

Ruhe und Entspannung

Goa gehörte lange Zeit zum portugiesischen Kolonialreich, bevor es 1961 indische Truppen besetzten und es 1967 zu einem eigenen Bundesstaat erhoben wurde. Heute zählt Goa zu den beliebtesten Reisezielen in Indien.

Die Hippies der 1970er-Jahre, die aus Europa und den USA nach Indien kamen, sind inzwischen längst verschwunden, am Arabischen Meer wurden große Tourist Resorts hochgezogen. Dennoch ist Agonda Beach noch ein Ort, an dem gestresste Einheimische und Ausländer Ruhe finden. Feiner Sand, warmes Meerwasser und sanfte Wellen sorgen für Entspannung, originelle Strandrestaurants bieten feine kleine Häppchen.

Entspannung am Agonda Beach in Indien, wo sich östliche Lebenskunst erkunden lässt

Ferienstimmung am Golf von Oman

Die Erbmonarchie Oman hat sich erst langsam dem Tourismus geöffnet. Neben Exkursionen in die Wüste locken einige hoteleigene Strände auch Nicht-Gäste zum Baden und Relaxen.

Felsformationen und Sand am Strand Barr Al Jissah östlich der omanischen Hauptstadt Maskat

Wellness am und im Wasser

Der Luxusstrand Barr Al Jissah ist von der ca. 50 km entfernten Hauptstadt Maskat (Muscat) mit dem Auto leicht zu erreichen. Er gehört zu einem Hotelkomplex, kann aber gegen ein Entgelt von Gästen, die nicht im Hotel wohnen, genutzt werden. Am Al Jissah Beach gibt es viele Wellness- sowie Spa-Angebote und Wassersportmöglichkeiten wie Windsurfen und Segeln. Weitere schöne Strände befinden sich in dem sonst eher unwirtlichen Oman in Yiti inmitten einer Berglandschaft nahe der Hauptstadt sowie in Dhofar vor der Lagune Khor Rori, die von Felsen eingerahmt ist.

AUF EINEN BLICK

BARR AL JISSAH
Land: Oman
Orte: Al Bustan, Yiti
Beste Reisezeit: November bis März

Bade- und Schnorchelparadies Eilat am Golf von Aqaba

Korallenwelt am südlichsten Punkt Israels

Eilat an der Südspitze Israels gilt als einer der beliebtesten Badeorte des kleinen Landes. Faszinierende Einblicke in die Unterwasserwelt bietet der Korallenstrand ein paar Kilometer südlich.

AUF EINEN BLICK
EILAT
Land: Israel
Region: Rotes Meer
Beste Reisezeit: März bis Oktober

Am Ende der Wüste

Nach einer langen Fahrt durch die un-
erbittlich heiße und trockene Wüste
Negev gelangt man, abseits der großen
Zentren des jüdischen Staates, in die
südlichste Stadt Israels. Auch hier ist es

Haie und andere Meeresbewohner hautnah erleben im Unterwasserobservatorium von Eilat

das ganze Jahr über heiß und trocken, aber man kann zu jeder Zeit im Roten Meer baden. Davon machen die Israelis und Touristen aus dem Ausland reichlich Gebrauch. Eilat ist einer der populärsten Badeorte im Nahen Osten.

Welt unter Wasser

Wenige Kilometer südlich der Stadt liegt der Underwater Observatory Marine Park. Ein Steg führt rund 100 m vom Ufer entfernt zu einem Beobachtungsturm im Roten Meer. Im Inneren kann man in 6 m Tiefe durch große Panoramafenster das Korallenriff beobachten. Besucher sollten sich über die Fütterungszeiten der Tiere informieren und ausreichend Zeit mitbringen. Die Erklärungen werden, wie in Israel oft üblich, auf Englisch und Hebräisch gegeben.

Im Dolphin Reef dürfen auch Anfänger mit den schnellen Säugetieren schnorcheln und tauchen, aber bitte nicht berühren! Die Delfine verbringen die meiste Zeit mit Jagen im Meer und kehren danach ins Ressort zurück.

29

Urlaubsfreuden auf der Vulkaninsel

Weitgehend unberührte, subtropische Natur und spektakuläre Vulkankrater erwarten Besucher auf der größten Insel Südkoreas. Daneben gibt es Zeugnisse einer jahrtausendealten Kultur.

Insel der Verliebten

Jeju ist etwa halb so groß wie die spanische Baleareninsel Mallorca und liegt etwa 90 km südlich des koreanischen Festlandes. Die Vulkaninsel mit ihren allerorts weit verstreuten glubschäugi-

AUF EINEN BLICK

JEJU
Land: Südkorea
Orte: Hallim, Seogwipo, Jeju City
Beste Reisezeit: April bis Juni, September/Oktober

Bucht der südkoreanischen Insel Jeju

gen Steinfiguren (Harubang) gilt als eines der sieben Naturwunder der Erde. Bei den koreanischen Paaren ist sie als exotische „Hochzeitsinsel" beliebt. Der höchste Berg der Insel, der 1950 m hohe Vulkan Hallasan, ist häufig von Nebel eingehüllt, sodass eine weite Sicht meist nicht möglich ist.

Zu den schönsten Stränden auf Jeju Island gehören Hyeopjae mit seinem wunderbar seichten Wasser und dem langsam abfallenden Meeresboden sowie Jungmun mit seinem an beiden Seiten von Felsen eingerahmten feinen Sandstreifen und der natürlichen Grotte Haesikgul.

Vom Strand direkt in den Dschungel

Der Reiz der japanischen Insel Ishigaki-jima liegt in seinen Stränden und den davorliegenden Korallenriffen im Ostchinesischen Meer. Die Kabira-Bucht gilt als schönstes Ziel des Eilands.

Üppige Natur pur

Die Strände auf Ishigaki-jima, das weit vom japanischen Festland entfernt und näher an Tawain als am Heimatland Nippon liegt, bieten beste Gelegenheiten zum Schnorcheln und Tauchen im klaren Wasser. Am Yonehara-Strand liegen die Korallenriffe sogar in unmittelbarer Nähe. Die Kabira-Bucht bietet den Besuchern einen traumhaften Blick auf das von subtropischer Vegetation umsäumte Ostchinesische Meer. Mit Booten lassen sich kleine Touren unternehmen.

Im Inselinnern besteht Ishigaki-jima aus einer noch weitgehend unberührten Natur mit Palmenwald, mangrovengesäumten Flüssen, die mit dem Kajak erkundet werden können, und Dschungel.

AUF EINEN BLICK

KABIRA-BUCHT

Land: Japan
Ort: Kabira
Beste Reisezeit: April bis November

Boote in der japanischen Kabira-Bucht

Thailands beliebteste Ferieninsel

Jährlich lockt Phuket Millionen Urlauber aus aller Welt. Die größte Insel Thailands bietet eine faszinierende Berglandschaft, üppige Vegetation sowie feinsandige, weiße Badestrände.

Natur und Kultur

Die Insel Phuket liegt in der Andamanensee im Süden Thailands. Sie ist rund 50 km lang und gut 20 km breit. Seit Jahrzehnten lockt sie Urlauber aus dem eigenen Land und aus aller Welt an. Entlang der Westküste ziehen sich malerische Sandstrände, im Innern entfaltet sich eine üppige tropische Naturlandschaft mit Dschungelflächen und mehreren spektakulären Wasserfällen.

Sehenswert sind die Bauwerke auf der Insel, darunter der rund 200 Jahre alte chinesische Tempel Put Yaw in der gleichnamigen Hauptstadt sowie der buddhistische Tempel Wat Chalong im Südwesten. Das Kap Laem Phrompthep bildet die Südspitze der Insel Phuket und ermöglicht einen fantastischen Rundblick auf das Meer sowie die vorgelagerten kleinen Inseln.

Badefreuden

Die beliebtesten Strände auf Phuket sind Kata Yai, Kata Noi und Karon. Kata Noi ist durch ein hügeliges Kap vom größeren Kata-Strand getrennt. Er liegt in einer malerischen Bucht, eingerahmt von

Auf einen Blick

KATA NOI
Land: Thailand
Region: Insel Phuket
Beste Reisezeit: Dezember bis Februar

Sanfte Wellen und feiner Sand in der malerischen Bucht Kata Noi auf Phuket

Felsen, und besteht aus sehr feinem weißem Sand. In dem klaren, türkisfarbenen Meer lässt sich wunderbar schnorcheln. Bei kräftigerem Wind laden die langen Meereswellen zum Surfen ein. Weil hier nicht ganz so viel los ist wie am Hauptstrand von Kata, zieht es nicht nur Ruhesuchende an; auch für Familien mit Kindern bietet Kata Noi Beach eine Alternative zum üblichen Rummel.

Noch ein Geheimtipp für Asienurlauber

Wem die lebhaften Badeorte in Thailand zu viel sind, findet auf der kambodschanischen Insel Koh Rong eine Oase der Ruhe. Dafür sind die touristischen Angebote etwas rustikaler.

Abseits der Urlauberströme

Koh Rong im Golf von Thailand ist mit rund 15 km Länge und 9 km Breite die zweitgrößte Insel Kambodschas. Vom Festland gelangen die Besucher am schnellsten mit einem Speedboot in rund 20 Minuten von Sihanoukville auf die Insel. Sie ist touristisch noch weitgehend unerschlossen, vom Strand führen die Wege direkt in den Dschungel. Übernachtungen sind in einfachen Bungalows möglich, am Strand befinden sich mehrere gastronomische Betriebe.

Sand und Meer sind hier genauso malerisch wie an den schönsten Orten Thailands, doch ist Koh Rong bislang weniger überlaufen, und das wird wohl auch noch eine Weile so bleiben.

> **AUF EINEN BLICK**
>
> **KOH RONG**
> **Land:** Kambodscha
> **Region:** Insel Koh Rong
> **Beste Reisezeit:** Dezember bis April

Läden entlang des Strandes Koh Rong in Kambodscha

Mirissa Beach an der Südküste Sri Lankas

Wellen und Wale

Immer mehr unternehmungslustige Asienfans zieht es auf die Insel Sri Lanka. Mirissa Beach bietet nicht nur Musik und Party den ganzen Tag. Vor der Küste lassen sich Wale und Delfine beobachten.

Zwischen Party und Natur

Marissa Beach liegt an der Südküste Sri Lankas etwa 12 km westlich der Stadt Matara. Obwohl nun immer mehr Gäste hierherkommen, gibt es am feinen Sandstrand noch unberührte Flecken. Außerdem bietet sich für Besucher, die vor allem Ruhe und Erholung suchen, die Nachsaison an, in der weniger los ist und die Preise günstiger sind. Auf den Nebenstrand, der durch einen kleinen Felsvorsprung vom Hauptstrand getrennt ist, verirren sich deutlich weniger Urlauber. In der Hauptsaison von November bis April starten Boote mit Gästen frühmorgens ins Meer hinaus, um 5–10 km vor der Küste Blau- und Pottwale sowie Delfine zu beobachten.

AUF EINEN BLICK
MIRISSA BEACH
Land: Sri Lanka **Orte:** Matara, Weligama **Beste Reisezeit:** November bis April

Ein Geschenk Gottes am Mittelmeer

Zwischen Tel Aviv und Haifa liegt der schöne Stadtstrand von Netanya unterhalb einer steilen Klippenlandschaft. Neben Badefreuden bietet das weltoffene Netanya ein ausgelassenes Flair.

Großstadt an der Küste

Wem der 14 Kilometer lange Sandstrand in Tel Aviv zu überfüllt ist, hat etwas weiter nördlich in Netanya eine Alternative, obwohl auch hier viel los ist. Die quirlige Küstenstadt Netanya („Geschenk Gottes") zwischen Tel Aviv und Haifa ist erst 1928 als landwirtschaftliche Siedlung entstanden und lebte lange Zeit vor allem vom Anbau der Zitrusfrüchte im Hinterland. Heute werden in der modernen Stadt u. a. Diamanten verarbeitet, Netanya ist eine Großstadt geworden. Seit einigen Jahren kommen immer mehr Touristen hierher.

Abend am Strand von Netanya

Klippen, Dünen und das Meer

Die Küste des Stadtstrands von Netanya fällt schroff ab. Über einen Fahrstuhl gelangen eilige Badegäste hinunter an den 11 km langen Sandstrand, der sich entlang der bis zu 30 m hohen Klippe schlängelt. Es lohnt sich aber auch ein Spaziergang auf den schön angelegten Wegen und Treppen durch gepflegte Parks, Klippenlandschaften und Dünen. Im Stadtteil „Ne'ot Herzl" steht ein geschützter ca. 900 Jahre alter Maulbeer-Feigen-Baum, der bereits in alten Schriften erwähnt wird.

Ein romantisches Erlebnis in Netanya sind die wunderschönen Sonnenuntergänge über dem Mittelmeer. Nachtschwärmern bietet die quirlige Stadt viele Gelegenheiten für Partys.

AUF EINEN BLICK
NETANYA
Land: Israel
Ort: Netanya
Beste Reisezeit: Mai bis Oktober

Blick auf Netanya und die Gartenanlagen an der steilen nordisraelischen Küste

Bilderbuchstrand und beste Gastgeber

Die indonesische Insel Bali bietet neben weißen Traumstränden wie Padang Padang prächtige Tempelanlagen, grüne Reisterrassen und eine legendäre gastfreundliche Bevölkerung.

Insel der tausend Tempel

Bali ist die westlichste der Kleinen Sundainseln im Indischen Ozean. Die Berge vulkanischen Ursprungs ragen bis zu 3000 m hoch aus dem Urwald; für die Einheimischen ist der Gunung Agung („Großer Berg", 3031 m) der Sitz der Götter. Die tiefe Religiosität der Balinesen offenbart sich in unzähligen Tempeln und kultischen Stätten auf der gesamten Insel. Die Landschaften Pulau Menjangan im Nordwesten der Insel und Tulamben an der Ostküste sind für Taucher ein Paradies.

Wellness in der Natur

Der Traumstrand von Padang Padang liegt an der Westküste der Halbinsel Bukit. Über eine steile Steintreppe gelangt man zum feinen Sandstrand und genießt den Blick auf ein klares Meer in bestem Postkartenblau.

Einige Grünpflanzen spenden Schatten, besonders in nördlicher Richtung, abseits der Hotelkomplexe, wird es abgeschiedener. Hier kann man baden, surfen, im Stehen paddeln oder einfach die Seele baumeln lassen. Bali, das ist Wellness in der Natur.

Charakteristische Felsen am Strand von Padang Padang auf der indonesischen Ferieninsel Bali

Bali bietet aber weit mehr als Sonne und Strände. Wer schon einmal da ist, sollte sich einige der über die gesamte Insel verteilten Tempel anschauen. Die Reisterrassen zeigen asiatische Landwirtschaftskunst auf höchsten Niveau.

AUF EINEN BLICK

PADANG PADANG
Land: Indonesien
Region: Insel Bali
Beste Reisezeit: November bis März

Leichte Brandung am Sandstrand von Padang Padang

Badeurlauber und Backpacker vereint

Schöne Strände und eine beeindruckende Unterwasserwelt locken immer mehr Touristen auf die beiden kleinen Perhentian-Inseln vor der Küste von Kuala Besut im Osten Malaysias.

Strand- und Naturerlebnis

Lange Zeit waren die beiden Inseln ein Mekka der Rücksacktouristen vor allem aus Europa, Australien und Nordamerika. Die Perhentian Islands haben einige sehr schöne Strände. Sie umgibt meist klares Wasser, das zum Tauchen und Schnorcheln ideal ist. Zur entspannten Atmosphäre trägt bei, dass die Eilande motorisierungsfrei sind.

Die kleinere Insel ist bei Backpackern immer noch beliebt; dort treffen sie sich gern am Long Beach (Pasir Panjang). Die

größere Insel hat einen Hauptstrand mit den meisten Hotelanlagen. Hinter den Ständen beginnt unberührte Natur mit einer einzigartigen Tierwelt. In der Wildnis ist jedoch Vorsicht geboten!

Kai auf der größeren Perhentian-Insel Besar, Malaysia

Ferien vor fantastischer Felsenkulisse

Feiner weißer Sand und Wasser vor der natürlichen Kulisse einer markanten Felsinsel – das macht die Faszination von Phra Nang aus. Einheimische pilgern gern zu den Fruchtbarkeitsschreinen.

Bilderbuchkulisse am Strand von Phra Nang in Thailand, einem der beliebtesten Urlaubsziele Asiens

Wo man auf Kinder hofft

Der Strand Phra Nang liegt auf der Halbinsel Railay und ist mit dem Boot z. B. vom Urlaubsort Ao Nang aus zu erreichen. Überall im Wasser sieht man die Longtail-Boote, die für wenig Geld Urlauber hinüberbringen. Der Sand ist hell, fein und weich, das Wasser sauber und klar, der Ausblick auf die Felswände im Hintergrund und die Felsinsel direkt vor dem Strand ist atemberaubend. Auf der Felsinsel bieten Kletterschulen Kurse an. Einheimische Paare mit unerfülltem Kinderwunsch bringen aus Holz geschnitzte Phallussymbole zu den Fruchtbarkeitsschreinen in den Felswänden. Dahinter eröffnet sich eine größere labyrinthische Höhle, die zu einem kleinen Strandabschnitt führt.

AUF EINEN BLICK
PHRA NANG
Land: Thailand
Region: Krabi
Beste Reisezeit: Dezember bis Februar

Exotische Entspannung im Golf von Siam

Auf der größten vietnamesischen Insel finden sich herrliche Sandstrände und ein weiträumiger Nationalpark. Baden, Schnorcheln und Tauchen gehören zu den beliebtesten Aktivitäten.

Nationalpark und Badeidylle

Phu Quoc liegt ca. 40 km vor der Südwestküste Vietnams, ist 48 km lang und bis zu 28 km breit. Die Touristenziele befinden sich überwiegend im Westen. Im Jahr 2001 wurden weite Teile der Insel, vor allem die bewaldete Bergregion im Norden, zum Nationalpark erklärt.

Wenige Kilometer südlich von Duong Dong können die Besucher sich in zwei Quellen mit natürlichen Wasserstrudeln entspannen. Wasser, Sand und Sonne satt bieten der Bai Truong Beach (Long Beach) an der Westküste und der Ong Lang Beach weiter nördlich. Am Bai Sao Beach im Süden der Insel sollen in naher Zukunft nach den Plänen der Einheimischen Hotelkomplexe entstehen.

AUF EINEN BLICK
PHU QUOC
Land: Vietnam
Ort: Duong Dong
Beste Reisezeit: November bis Juni

Strand auf der vietnamesischen Insel Phu Quoc

Ursprüngliche Natur im Fernen Osten

Im Japanischen Meer vor der russischen Küste in der Region Primorje liegt die märchenhafte Insel Putjatin. Die einmalige Landschaft im Fernen Osten ist eine Entdeckungsreise wert.

Wunder der Natur

Die Putjatin-Insel im äußersten Osten des riesigen russischen Territoriums ist benannt nach dem Seefahrer und Staatsmann Jewfimi Putjatin (1803–1883) und eine der meistbesuchten Inseln der Peter-der-Große-Bucht. Markante Felsen, kristallklares Meer, frische Luft und Sandstrände prägen das Landschaftsbild. Zur Tierwelt gehören Hirsche, Krabben, Achtfüßler und Meerigel. Nur hier finden sich die zartrosa Lotusblumen, die den See Gusinoje abdecken.

Die malerischen Lagunen und Buchten der Putjatin-Insel sind wegen ihrer Formen nach Tieren benannt: Tscherepacha (Schildkröte), Petuch (Hahn) und Slon (Elefant). Ein weiteres Wunder der Natur am anderen Ende der Welt ist der Archipel Pjat' Pal'zew (Fünf Finger), der sich zur Insel Askold erstreckt. Die hohen, aus dem Wasser tretenden Felsformationen erinnern an Riesenfinger. Nicht nur Naturfreunde kommen aus dem Staunen nicht mehr heraus.

Lotusblume auf dem See Gusinoje auf der Insel Putjatin

43

Zelten am Strand von Putjatin im äußersten Osten Russlands in einer magischen Naturlandschaft

Exotische Erholung

Die abgelegene Putjatin-Insel bietet am anderen Ende Asiens vielfältige Möglichkeiten zur Entspannung und zum Naturerlebnis. Dazu gehören ausgedehnte Spaziergänge an der felsigen Küste, Tauchen im stets kalten Meer, Fischfang oder auch Sonnenbaden und Zelten am Strand. Dieses exotische Erlebnis vor einer atemberaubenden Naturkulisse ist nur noch an wenigen Orten möglich.

AUF EINEN BLICK

PUTJATIN-INSEL

Land: Russland
Ort: Wladiwostok
Beste Reisezeit: Juni bis September

Erholung im Einklang mit der Umwelt

Einer der schönsten Strände Asiens liegt auf der Andamaneninsel Havelock Island im Golf von Bengalen. Die Verwaltung der Insel bemüht sich seit Jahren um einen umweltschonenden Tourismus.

Nationalpark – Badeparadies

Die Andamaneninsel ist benannt nach dem britischen Kolonialoffizier Henry Havelock (1795–1857). Deshalb ist es kein Wunder, dass die ehrwürdige Londoner Tageszeitung „The Times" sich an ihn erinnerte und den Radhanagar Beach oder Beach No. 7 an der Westküste der Insel zum schönsten Strand Asiens kürte. Weiter nördlich schließt sich der nicht minder bezaubernde Elephant Beach an, der für seine bunte Korallenwelt bekannt ist.

Ökotourismus wird auf Havelock groß geschrieben, Besucher werden zum Naturschutz angehalten. Tauchschulen bieten ihre Dienste an, die Gewässer sind auch zum Schnorcheln ideal geeignet.

> **AUF EINEN BLICK**
>
> RADHANAGAR BEACH
>
> **Land:** Indien
> **Region:** Havelock Island
> **Beste Reisezeit:** Dezember bis April

Radhanagar Beach an der Westküste der Havelock-Insel in Indien

Südsee-Flair im Land des Sonnenaufgangs

Der exotische Strand von Shirahama auf der japanischen Hauptinsel Honshu verströmt einen Hauch Südsee. In der Nähe befinden sich heiße Quellen, die in Japan Onsen genannt werden.

Felsklippen und Sandstrände

Shirahama Beach, der vom Bahnhof aus leicht mit dem Bus erreicht werden kann, erinnert mit seinem klaren, türkisblauen Wasser und seinem feinen weißgelben Sand eher an die Südsee als an Japan, und dennoch liegt er im Land der aufgehenden Sonne. Vorgelagerte Riffe und ein Steinwall schützen ihn vor der stürmischen See. Tauchen, Kitesurfen und lange Spaziergänge bieten sich in dieser idyllischen Umgebung an. Nah am Festland ragt ein Felsen aus dem Wasser, in den das Meer in der Mitte ein Loch gewaschen hat. Eine Bootstour führt zur Besichtigung näher an den Felsen heran. Südlich des Sakino yu Onsens erheben sich steile Felsenklippen.

AUF EINEN BLICK
SHIRAHAMA BEACH
Land: Japan
Ort: Shirahama
Beste Reisezeit: Frühling und Herbst

Küste von Shirahama im Süden Japans

Tianya Haijiao in Südchina – so exotisch wie sein Name

Strandbesuch am unerreichbaren Ort

Tianya Haijiao ist ein romantischer, landschaftlich reizvoller
Ort westlich der Stadt Sanya in der chinesischen Provinz Hainan.
Früher wähnten die Einheimischen hier das Ende der Welt.

Rote Zeichen im Felsen

Tianya Haijiao bedeutet auf Chinesisch den weitesten Teil des Himmels und des Meeres, ein unerreichbarer Ort. Zu den Sehenswürdigkeiten zählen die „Felsblöcke von Sonne und Mond" sowie das Tian-Ya-Kliff. Das Felsenpanorama ist auf der chinesischen Zwei-Yuan-Banknote abgebildet. Östlich von Sanya liegt die Yalong Bay mit ihrem 8 km langen feinen Sandstrand.

Vom nahe gelegenen „Tropenwald" mit seinen Aussichtsplattformen hat man einen herrlichen Blick über die Bucht. Yalong Bay ist auch Heimathafen der Südmeerflotte der chinesischen Marine.

De Stadt Sanya imit ihrem tropischen Klima und den weiten Sandstränden in der Umgebung hat sich in den letzten knapp zwei Jahrzehnten zu einem Touristenzentrum entwickelt. Hier befinden sich auch die urzeitliche Luobi-Höhle und Gräber der Tang- bis Mingdynastie.

> **AUF EINEN BLICK**
>
> **TIANYA HAIJIAO**
> **Land:** China
> **Ort:** Sanya
> **Beste Reisezeit:** Januar bis April,
> Oktober bis Dezember

Ein Südseetraum – der fast weiße Sand auf der Cookinsel Aitutaki

Eine der schönsten Seiten der Südsee

In einer der herrlichsten Lagunen der Welt, einem gekippten Atoll auf den Cookinseln, werden Südseeträume wahr. Das nah am Äquator liegende Aitutaki ist das ganze Jahr tropisch warm.

Robinsonade mit Komfort

Die rund 20 km² große Laguneninsel bietet weiße Sandstrände, kristallklares, warmes, flaches, türkisfarbenes Wasser und grüne Kokospalmen.

Die Anreise erfolgt in der Regel mit dem Flugzeug von Rarotonga aus. Zahllose gestresste Großstädter können auf der zauberhaften Insel Aitutaki in kleinen Bungalows ausspannen, schnorcheln, segeln, Riffspaziergänge unternehmen oder sich einfach im Schatten einer Palme ausruhen. Vorsicht bei bleicher Haut:

Auf dem Wasser und am Strand ist die Sonneneinstrahlung extrem stark. Deshalb mit Sonnenbrille, Hut und Cremes schützen. Einen Besuch lohnen die vielen Kirchen auf der Insel.

AUF EINEN BLICK
AITUTAKI
Land: Cookinseln
Region: Insel Aitutaki
Beste Reisezeit: Mai bis Oktober

Erste Adresse für heiße Strandaction

Am berühmtesten Strand der Weltmetropole Sydney ist immer etwas los. Zu den besonders skurrilen Strandfiguren gehören die Weihnachtsmänner in der australischen Hochsommerhitze.

Bondi Beach, einer der berühmtesten Strände Sydneys und ganz Australiens

Feste und Traditionen

Bondi Beach liegt etwa 7 km östlich des Stadtzentrums von Sydney. An der Pazifikküste im Südosten des australischen Kontinents scheint 300 Tage im Jahr die Sonne, die gnadenlosen australischen Sommermonate Dezember bis Februar sind bis zu 40 °C heiß und das Meerwasser ist rund 24 °C warm. Bondi Beach ist im August Ziel des 14 km langen City-to-Surf-Laufs. Sonntags öffnen die Bondi Beach Markets, an Weihnachten zieht es vor allem britische Touristen an den Strand. Im Januar wird das Flickerfest, Australiens wichtigstes Kurzfilmfestival, veranstaltet. Auch der Australian Surf Carnival im April ist ein beliebter Festtag.

> **AUF EINEN BLICK**
>
> **BONDI BEACH**
> **Land:** Australien
> **Ort:** Sydney
> **Beste Reisezeit:** Frühjahr und Herbst

Eine natürliche Kathedrale am Pazifik

Die Kalksandsteine auf der Coromandel-Halbinsel der neuseelän-
dischen Nordinsel locken jährliche Tausende Touristen. Höhle und
Bucht sind heute Teil eines ausgedehnten Meeresschutzgebiets.

Das Werk der Gezeiten

Die Coromandel-Halbinsel ist bekannt
für ihre weißen und goldenen Sandstrände, zerklüfteten Berge und den
naturwüchsigen Regenwald. Am Cathedral Cove strömt der Pazifische Ozean
durch einen natürlichen Felsbogen,
der an eine mittelalterliche Kathedrale
erinnert. Der mächtige Felsen an der
bis zu 40 m hohen Küste besteht aus

Malerische Bucht der Nordinsel Neuseelands

Cathedral Cove – eine Kathedrale aus Naturstein

relativ weichem hellem Kalksandstein mit einigen festeren Gesteinsformationen dazwischen. Als eigentliche natürliche Kathedrale gilt die Höhle zwischen Mare's Leg Cove und Cathedral Cove mit ihrer spitz zulaufenden Decke.

AUF EINEN BLICK

CATHEDRAL COVE
Land: Neuseeland
Ort: Hahei (Nordinsel)
Beste Reisezeit: Dezember bis März

Die lange Arbeit der Natur

Jahrtausendelang haben die Gezeiten die unterschiedlich festen Formationen unermüdlich ausgehöhlt. Ergebnis ist ein Naturschauspiel der besonderen Art. In der Nähe des kleinen Küstenortes Hahei führt ein Wanderweg nach Norden zum Strand und zur Höhle Cathedral Cave. Alternativ kann man die Stelle mit einem kleinen Boot ansteuern.

Heiße Quellen

Wenige Kilometer südlich von Hahei tritt am Hot Water Beach Thermalwasser aus dem Boden. Nur bei Ebbe kann man für ein bis zwei Stunden Mulden in den Sand graben und im warmen mineralhaltigen Wasser baden. Jährlich kommen bis zu 700 000 Menschen hierher, um ihre Haut zu reinigen und eine natürliche Erfrischungskur zu genießen.

Roter Sand in Westaustralien

Die Küstengewässer an dem rund 30 km langen James Price Point nördlich von Broome im Nordwesten Australiens sind die weltweit größte Aufzuchtkolonie für Buckelwale.

Natur vorerst gerettet

Nachdem ein geplantes Gasförderprojekt 2013 abgesagt wurde, bleibt dieser ursprüngliche Naturraum in der Region Kimberley vorerst erhalten. Die dünnbesiedelte raue Gegend besteht aus einer trockenen Graslandschaft, rötlichen Sandstein- und Kalksteinfelsen, Felsschluchten mit Flüssen und Mangrovenwäldern. Der rote Sand bildet einen farbenprächtigen Kontrast zu den grünen Bäumen, dem blauen Himmel und dem türkisfarbenen Meer. Am James Price Point wurde die mit 1,7 m größte Dinosaurier-Fußspur gefunden, ein fossiles Zeugnis aus der Zeit vor mehr als 100 Mio. Jahren. Das weiträumige Gebiet ist benannt nach dem früheren westaustralischen Arbeitsminister James Price (1864–1910).

Rote Klippen des James Price Point

Manly Ocean Beach, benannt nach einem Stadtteil der australischen Metropole Sydney

Alternative zu den Stadtständen

Vom Circular Quai Sydneys aus können Strand- und Surffreunde mit einem Fährschiff zum Manly Ocean Beach fahren. Das Meerwasser des Pazifiks ist hier besonders klar und erfrischend kühl.

Vielfalt am und im Wasser

Am Eingang zum Port Jackson, einem der größten Naturhäfen der Welt, liegt der Stadtteil Manly. Der Strand ist weniger belebt als die anderen Stadtstände von Sydney wie z. B. Bondi Beach.

Am sog. South Steyne, dem südlichen Abschnitt von Manly Ocean Beach, stehen Norfolk-Tannen. Zahlreiche Cafés und Restaurants säumen den Strand. Die Besucher kommen zum Schwimmen und Surfen, Beach Volleyball und Parasailing, Seekajak, Tauchen, Segeln und Angeln.

In dem Meeresaquarium „Oceanworld" ist die enorme Artenvielfalt des Pazifischen Ozeans zu bestaunen. Im Juni findet an der Promenade das Manly Food and Wine Festival statt.

AUF EINEN BLICK

MANLY OCEAN BEACH
Land: Australien
Ort: Sydney
Beste Reisezeit: Frühjahr und Herbst

Matira Beach auf Bora Bora in der Dämmerung

Der kostbare Zauber der Südsee

Das bekannte Atoll der Südsee zieht neben Hochzeitsreisenden und Badeurlaubern auch Taucher aus aller Welt an. Bora Bora bietet prächtiges Südseeflair für alle, die es sich leisten können.

Ein Paradies für Taucher

Die bergige Insel Bora Bora ist umgeben von einem üppigen Korallenring. Die leuchtenden Lagunen und die Riffinseln (Motus) versprühen unwiderstehlichen Südseecharme. Das Wasser der Lagune ist bis zu 30 °C warm und kristallklar. Mit dem Glasbodenboot sowie beim Tauchen und Schnorcheln kann man Tausende bunter Korallenfische beobachten. In der tiefen Lagune schwimmen Barrakudas und Haie, die auf ge- führten Tauchtouren gefüttert werden dürfen. Durch die „Rochenstraße" gleiten große Schwärme von Mantas und Leopard-Stechrochen.

AUF EINEN BLICK

MATIRA BEACH
Land: Französisch-Polynesien
Region: Insel Bora Bora
Beste Reisezeit: Mai bis November

Eine gute Zeit im exklusiven Inselresort

Der Staat Fidschi im Südpazifik nördlich von Neuseeland und östlich von Australien ist bei Touristen aus aller Welt vor allem wegen der kleinen Resortinseln und der Korallenküsten beliebt.

Makelloser Strand auf der Fidschi-Insel Plantation Island

Korallen, Sonne und Meer

Fidschi liegt etwa 2100 km nördlich von Auckland, Neuseeland, entfernt. Die Küsten sind insgesamt 1100 km lang. Zum Archipel gehören 332 Inseln, von denen 110 bewohnt sind.

Plantation Island bietet einen von Palmen gesäumten weißen Strand an der blauen Lagune von Malolo Lailai. Exklusive Unterkunft finden die Besucher in den landestypischen Bure-Bungalows, die den traditionellen polynesischen Stil mit modernen Einrichtungselementen verbinden. Hier fühlen sich auch die anspruchsvollsten Gäste wohl. Plantation Island ermöglicht eine Vielzahl an Wassersportmöglichkeiten wie Windsurfen, Tauchen und Schnorcheln.

AUF EINEN BLICK

PLANTATION ISLAND

Land: Fidschi
Ort: Malolo Lailai
Beste Reisezeit: Mai bis Oktober

Wo Gauguin das Träumen lernte

Die größte polynesische Insel besteht aus zwei gebirgigen Teilen, der Norden und Westen sind am dichtesten besiedelt. An der Ostküste erstrecken sich lange schwarze Basaltstrände.

Korallen, Sonne und Meer

Durch die Bilder des französischen Malers Paul Gauguin (1848–1903), der viele Jahre auf Tahiti lebte, wurde die exotische Südseewelt in Europa bekannt. Seitdem wurde Tahiti zum Inbegriff unbeschwerter Lebensfreude. Überall auf der gebirgigen Insel finden sich an den Küsten Touristenresorts. Die kleine Gemeinde Punaauia liegt im Westen. Kulturell Interessierte finden im 1974 eröffneten Musée de Tahiti et des Îles Wissenswertes zur Völker- und Naturkunde.

Entspannung in modernen Appartements auf Moorea, der kleineren Schwesterinsel Tahitis

AUF EINEN BLICK
TAHITI
Land: Französisch-Polynesien
Ort: Punaauia
Beste Reisezeit: Mai bis Oktober

Traumurlaub in der Südsee auf Tahiti, einem der magischen Urlaubsziele in der Südsee

Langgezogene Küstenlinie der Turquoise Bay in Westaustralien

Unterwasserwelt am Nordwestkap

In dieser schönen Bucht vor der west-australischen Korallenküste kommen die Unterwasserfreunde voll auf ihre Kosten. Die Turquoise Bay im Cape Range National Park steht aber schon seit längerem unter Naturschutz, und deshalb müssen die Hobbytaucher sich besonders vorsichtig verhalten.

Kleinod im Westen

Das North West Cape ist eine kleine Halbinsel im Indischen Ozean, die im Jahr 1818 nach Captain Phillip Parker King benannt wurde. 1967 wurde der touristische Ort Exmouth gegründet, um

AUF EINEN BLICK

TURQUOISE BAY
Land: Australien
Ort: Exmouth
Beste Reisezeit: Frühjahr und Herbst

die nahe gelegene Harold E. Holt US Naval Communications Station zu versorgen. Der Cape Range verfügt über rund 50 km Strand und bietet eine reiche Artenvielfalt in Fauna und Flora.

Neben Emus, Kängurus, Skorpionen, Vögeln und einer traumhaften Unterwasserwelt im Ningaloo Marine Park blühen im Frühjahr wilde Blumen. Ein echtes Kleinod an der endlosen australischen Westküste.

Weiß, weißer, Whitehaven

Wegen seines hohen Quarzgehalts ist der Sand am Whitehaven Beach sagenhaft weiß. Die gesamte Whitsunday-Insel ist ein Nationalpark ohne moderne touristische Infrastruktur.

Der magische Strand von Whitehaven Beach auf der Whitsunday-Insel im Osten Australiens

Der Umwelt zuliebe

Whitehaven Beach liegt vor der Ostküste Australiens im Bundesstaat Queensland. Die Whitsunday-Insel ist am besten von Hamilton Island oder Airlie Beach aus erreichbar. Der Strand zieht sich rund 8 km an der Ostküste der Insel entlang. In der warmen Jahreszeit kommen viele Tagesausflügler zum Baden und Schnorcheln hierher, die meisten von ihnen sind Australier vom Festland. Nur in einem kleinen südlichen Abschnitt des Eilands ist Campen erlaubt. Die Nationalparkbe-

AUF EINEN BLICK

WHITEHAVEN BEACH

Land: Australien
Region: Whitsunday Island
Beste Reisezeit: Frühjahr und Herbst

treiber achten besonders auf Nachhaltigkeit: Whitehaven Beach gilt als sauberster Strand in Queensland und erhielt nationale Preise für Wertstoffrückgewinnung sowie Umweltschutz.

Ein fast perfekter Halbmond

Die Wineglass Bay bei Hobart auf der Insel Tasmanien zählt zu den schönsten Stränden der Südhalbkugel. Sie bildet einen Halbmond aus perlweißem Sand und türkisfarbenem Wasser.

Weinglas-Bucht auf der größten australischen Insel Tasmanien

Ideal für Aktivurlauber

Die Wineglass Bay liegt auf der unberührten tasmanischen Halbinsel Freycinet. Umspült von leuchtend blauem Meereswasser, zieht sich der weiße Strand halbmondförmig an der langen Küste entlang. Bei einer Bootsrundfahrt können Delfine und Wale beobachtet werden. Aktivurlauber finden hier vielfältige Gelegenheit zum Fischen und Segeln, für Seekajaktouren und Tauchgänge. Die Granitfelsen im Hinterland fordern die Kletterer heraus. Ein Teil der Busch-

AUF EINEN BLICK
WINEGLASS BAY
Land: Australien
Ort: Hobart
Beste Reisezeit: Frühjahr und Herbst

wanderwege folgt den uralten Traumpfaden der Ureinwohner (Aborigines). Zu den einheimischen Wildtierarten zählen Seeadler, Beutelmarder, Wallaby, Wombat und der Tasmanische Teufel.

Bizarre Felsen an der Südspitze Europas

Die südlichste Region Portugals bietet bizarre Felsformationen und feinsandige Traumstrände. Im hügeligen Hinterland sind archäologische Sehenswürdigkeiten zu entdecken.

Felshöhle an der Algarveküste bei Benagil, Portugal

Hügelige Landschaften

Die Algarve besteht von Nord nach Süd aus drei Bereichen: Die hügelige Serra-Landschaft aus Sandstein und Tonschiefer reicht 300 – 500 m hinauf. Daran schließt sich die etwa 400 m hohe Vorgebirgslandschaft des Barrocal an. Der dicht besiedelte Küstenstreifen Litoral Sul bildet das touristische Zentrum der Region. Sie ist geprägt von steilen Klippen im Westen sowie sanften Dünen und schönen Lagunen im Osten.

Sonne und Wasser satt

Die Algarve gilt europaweit als die Region mit den meisten Sonnentagen, die Sommer sind sehr heiß und trocken. In der Gluthitze im Juli und August sollten Mittel- und Nordeuropäer mit empfindlicher Haut diese Region besser meiden. Zu den kulturhistorischen Denkmälern des nahen Hinterlandes gehören vor allem die historischen römischen Villen, denn schon die Menschen in der Antike schätzten das milde, sonnenreiche Klima. Der südwestlichste Punkt des europäischen Festlandes, das Cabo de São Vicente bei Sagres, bietet einen weiten Blick auf den offenen Atlantik.

Idylle am Strand von Rocha an der Algarve

AUF EINEN BLICK

ALGARVE

Land: Portugal
Orte: Benagil, Portimão
Beste Reisezeit: April bis Juni,
September bis Oktober

Zwischen Muschelresten und Korallen

Die malerische Balos-Bucht mit der Lagune von Gramvousa an der Westküste der griechischen Insel Kreta wird von einem feinen weißen Muschel- und Korallensandstrand umsäumt.

Bucht von Balos im Westen der griechischen Insel Kreta

Venezianer und Piraten

Am einfachsten führt ein Tagesausflug mit dem Schiff von Kissamos nach Balos. Die Route geht an der Halbinsel Gramvousa vorbei zur Insel Imeri Gramvousa, wo man die Ruinen einer venezianischen Festung aus dem 16. Jahrhundert besichtigen oder im Meer baden kann. Früher sollen hier auch Piraten an Land gegangen sein. Das seichte Wasser in der Lagune ist teilweise nur 50 cm tief, die Dünen an der Küste sind spärlich bewachsen. Die flache Landverbindung zum Kap Tigani besteht aus zementierten Sandschichten, in denen sich Wasserlöcher gebildet haben. Am Südrand der Lagune hat im Sommer eine kleine Taverne für Touristen geöffnet.

AUF EINEN BLICK

BALOS

Land: Griechenland
Region: Insel Kreta
Beste Reisezeit: April bis Oktober

Mondäner Charme an der Ostseeküste

Das größte Seebad auf Rügen ist zugleich eines der schönsten der Ostseeinsel. Mit seinem langen Sandstrand und der prächtigen Promenade versprüht Binz mondänen Charme.

Seebad mit Tradition

Um 1900 entstanden im Ostseebad Binz die ersten Hotels und Ferienpensionen. Gleich nach der Wende in der DDR (1989/90) wurden die malerischen Häuser im Stil der Bäderarchitektur liebevoll restauriert. Ein Spaziergang an der mehr als 3 km langen Strandpromenade führt am prächtigem Kurhaus, dem Musikpavillon sowie Villen mit Balkonen, Türmen und Erkern vorbei.

An der Seebrücke legen die Ausflugsschiffe zu den Kreidefelsen, nach Kap Arkona und in die anderen Bäder ab. Schicke Boutiquen locken zum Shopping, exklusive Souvenirs sind auf der „Kunstmeile" erhältlich.

AUF EINEN BLICK
BINZ
Land: Deutschland
Region: Insel Rügen
Beste Reisezeit: Mai bis September

Strandkörbe bei Binz im Osten der Insel Rügen

Abendstimmung am Pier des südenglischen Seebades Brighton

Britisches Seebad mit Licht und Schatten

Das größte englische Seebad gilt wie London als tolerant und weltoffen, aber deutlich entspannter. Für Prominente, Exzentriker und Normalos war und ist Brighton ein Anziehungspunkt.

Wechselvolle Geschichte

Berühmtheiten kamen immer gern an die milde englische Südküste. Seine Majestät König George VI., Schauspieler wie Laurence Olivier und Cate Blanchett sowie Musiker wie Paul McCartney waren hier zu Gast. In den 1980er-Jahren erlebte Brighton seinen Tiefpunkt, als nur noch Amüsierpiers, Bingohallen, billige Zuckerwatte und Fish-and-Chips-Läden übrig geblieben waren. Doch hat sich das Seebad wieder herausgeputzt. Ein Kongresszentrum entstand, Hotels und die Palace Pier wurden renoviert, die Promenade mit ihren Fischerboot-Garagen erhielt ebenfalls ein neues Make-up. Schmuckgeschäfte und Bou-tiquen verdrängten die Tea-Shops in der Altstadt. Heute strömen an Sommerwochenenden die gestressten Hauptstädter, die weniger als eine Zugstunde vom Meer entfernt sind, wieder zu Tausenden in das Seebad an der Ärmelkanalküste.

Kühle Erfrischung

An dem fast 9 km langen Kieselsteinstrand gibt es viele britische Exzentriker zu sehen. Sie werfen sich auch bei Wassertemperaturen von höchstens mal 21 °C gern in die Wellen. Weniger Hartgesottene sollten beim Spaziergang den Pullover nicht vergessen.

Jedes Jahr im Mai findet das Brighton Festival statt, das größte Kunstfestival Großbritanniens nach Edinburgh. Es bietet einen Querschnitt durch die britische Künstlerszene und lockt jährlich etwa eine halbe Million Besucher in das englische Seebad.

AUF EINEN BLICK

BRIGHTON
Land: Großbritannien
Region: East Sussex
Beste Reisezeit: Mai bis September

Musikpavillon am Strand von Brighton

65

Abtauchen in der spanischen Katzenbucht

Auch auf der sonst überlaufenen Ferieninsel Mallorca gibt es noch malerische Buchten. Dazu gehört die zwischen Klippen gelegene Cala Gat nordöstlich des Hafens von Cala Rajada.

Kleinod auf den Balearen

Die „Katzenbucht", benannt nach den hier früher herumstreunenden Vierbeinern, die heute weitergezogen sind, ist etwa 80 m lang. Der rund 7 m breite Strand ist von einer bewaldeten Felsküste umgeben und fällt ziemlich abrupt bis zu 20 m ab. Die einst zahlreichen Seeigel sind wegen des Badetourismus weitgehend verschwunden. Dennoch ist Cala Gat mit ihren Höhlen und Grotten noch ein gutes Tauchgebiet. Im klaren Wasser schwimmen Tinten- und Neonfische, Muränen, Muscheln und Schnecken.

> **AUF EINEN BLICK**
>
> CALA GAT AT RAJADA
> **Land:** Spanien
> **Region:** Insel Mallorca
> **Beste Reisezeit:** April bis Oktober

Die kleine Katzenbucht im Nordosten
der spanischen Ferieninsel Mallorca

Strände und Höhlen

Bei Cala Rajada finden sich zwei weitere schöne Strände, die 500 m breite,
flach abfallende Cala Agulla mit ihren
vorgelagerten Sandbänken im Nordwesten und die deutlich belebtere,
rund 200 m lange Cala Son Moll in der
Nähe der Hotelkomplexe im Südwesten.
Einen Besuch lohnen auch die insgesamt
rund 400 m langen Tropfsteinhöhlen der
Coves d'Artà. Wer auf Mallorca mehr als
Ballermann und Sangria erleben möchte, sollte das Inselinnere mit dem Fahr-
rad, dem Motorrad oder dem Mietwagen auf eigene Faust erkunden.

Sonniger Urlaub in der Heimat der Sarden

Die italienische Insel Sardinien verfügt über zahlreiche traumhafte Buchten und Strände. Die Cala Goloritze mit ihrem weißen Kiesstrand wird eingerahmt von karstigem Kalkgestein.

Cala Goloritze im Osten der italienischen Insel Sardinien

Wild und urwüchsig

Die Bucht liegt an einem naturnahen Küstenabschnitt im Osten Sardiniens und ist mit dem Boot oder auf einer etwa eineinhalbstündigen Wanderung von der Hochebene Su Golgo aus zu erreichen. Wer zu Fuß unterwegs ist, sollte in der brütenden Hitze auf der nahezu schattenlosen Strecke auf Sonnenschutz und ausreichend Flüssigkeit achten. Die malerische Bucht mit ihrem türkisfarbenen klaren Wasser ist in der Hauptsaison ziemlich überlaufen.

Mit Schnorchel und Taucherbrille lässt sich die schillernde Tier- und Pflanzenwelt des Mittelmeeres erkunden. An manchen Tagen kann es stürmisch werden, sodass Baden dann nur für gute Schwimmer zu empfehlen ist.

Sand und Sonne überall

Sardinien bietet an vielen Orten tolle Strände und angenehme Wassertemperaturen. Besonders lange und breite Sandstrände erstrecken sich im Süden rund um Cagliari, Villasimius, Chia, Pula und Costa Rei, an der Ostküste bei Barisardo, Cardedu und Tortolì, an den Küsten von Orosei, Siniscola und San Teodoro sowie im Westen an den Ufern der Costa Verde. Es ist ein Paradies für Sonnenanbeter.

AUF EINEN BLICK

CALA GOLORITZE
Land: Italien
Region: Insel Sardinien
Beste Reisezeit: April bis Oktober

Wasser, Sand und Kalksteinfelsen

Die Reize der kleinen Schwesterinsel

Menorca, die kleine Schwester Mallorcas, blieb als Biosphärenreservat vom Massentourismus weitgehend verschont. Überall
finden sich unbebaute Strände und versteckte kleine Buchten.

Schattenreiche Bucht Cala Macarella auf der Baleareninsel Menorca

Kleine Insel der Vielfalt

Menorca, die östlichste und nördlichste
Insel der spanischen autonomen Region
Balearen, ist etwa so groß wie der Stadt-
staat Hamburg. Fernab des Massentourismus lässt sich hier noch intakte Natur,
Geschichte und Tradition sowie das alte
Flair des gemütlichen Spaniens erleben.
Als nördlichste und zugleich auch östlichste Insel des Archipels der Balearen
hat die Insel gerade mal knapp über
88 000 Einwohner. Ganz gleich, wo sich
die Gäste auf Menorca befinden, es ist
nie weit zum Wasser.

Romantische Landschaft

Neben den sauberen Stränden mit ihrem klaren, türkisfarbenen Wasser erleben die Besucher der Baleareninsel
Menorca hübsche Fischerdörfer, Höhlen
und Bauten aus der Bronzezeit, traditi-
onelle Architektur sowie eine vielfältige
Pflanzen- und Tierwelt. Den Norden
prägt der Tramontana, ein starker Nord-
wind, der die karge Küste mit ihren weit
in die Insel hineinreichenden Buchten
umweht. Im Zentrum der Insel erhebt
sich der Monte Toro (357 m), der einen
wundervollen Blick über Menorca und

das Mittelmeer eröffnet. Den Süden durchzieht die sanfte Hügellandschaft Es Migjorn mit kleinen Wäldern. An der Küste befinden sich kilometerlange Sandstrände und abgelegene Buchten.

Sand und Sonne überall

In der Cala Macarella brauchen Bade-gäste und Taucher keine Sonnenschir-me, denn die umliegenden Bäume spenden ausreichend Schatten; das ist eher selten in südlichen Urlaubsgebie-ten. Vor allem im Frühjahr (April/Mai) sind erst wenige Gäste hier, allerdings ist das Meerwasser dann noch ziemlich kühl. Im Sommer teilen sich die Schwim-mer und Taucher die Bucht zum offenen Meer hin mit zahlreichen Motorbooten.

Blick auf das Meer und die Felsküste Menorcas

Europas prächtige Blumeninsel im Atlantik

Die Blumeninsel Madeira ist ein einziger üppiger Garten, der von hohen Bergen durchzogen ist. Meist fallen sie zur Küste hin steil ab, aber es gibt auch einzelne kleine Strände und Buchten.

Abendstimmung am künstlich angelegten Strand von Calheta im Westen der Atlantikinsel Madeira

Wechselvolle Geschichte

Vermutlich wurde Madeira im 6. Jahrhundert v. Chr. von Phöniziern entdeckt. Der portugiesische Seefahrer João Gonçalves Zarco erkundete die Insel 1419, ein Jahr später kamen die ersten Siedler aus Portugal. Nach der Vereinigung Portugals und Spaniens 1580 in Personalunion wurde Madeira zentral verwaltet, bis die Portugiesen 1640 gegen Madrid revoltierten. Nach der Unabhängigkeit Portugals (1668) wurde die Insel wirtschaftlich von Engländern dominiert.

Berge, Blumen und Lorbeer

Madeira liegt 730 km vor der marokkanischen Küste im Atlantik. Die gesamte Insel hat Mittel- bis Hochgebirgscharakter, der höchste Berg ist der Pico Ruivo mit fast 1900 m. Die vielerorts blühenden Strelitzien, Hortensien, Afrikanischen Liebesblumen und Kaplilien wurden allesamt eingeführt. Etwa ein Fünftel der Insel bedeckt der Lorbeerwald Laurisilva. Madeira können die Besucher am besten beim Wandern, Radfahren oder mit dem Mietwagen erkunden.

Sand, Strand und Wale

Im Südwesten Madeiras, etwa 35 km von der lebhaften Hauptstadt Funchal entfernt, liegt die kleine Kreisstadt Cal-

heta. Sie hat den größten Anteil von Auslandsdeutschen auf der Insel. In der künstlich angelegten Bucht unweit des Jachthafens wurde Sand aus der Sahara aufgeschüttet; es ist der einzige Sandstrand an der Südküste Madeiras. Hier ist Baden und Wassersport möglich und es können Boote zur Walbeobachtung gebucht werden. Kulturinteressierte finden Anregungen in der Casa das Mudas, dem Museum für moderne Kunst.

Tagsüber ist der einzige Strand der Südküste Madeiras gut besucht.

Die stille Bucht an der wilden Küste

Im westlichsten Teil der Dingle-Halbinsel in der irischen Graf-
schaft Kerry liegt eine der schönsten Buchten Europas. Hohe
Klippen schützen die Strandbesucher vor kräftigem Wind.

Windgeschützte Bucht

Slea Head (Bergspitze) heißt die kleine
Landzunge ganz im Westen der Dingle-
Halbinsel, die wiederum aus dem Südwesten Irlands in den offenen Atlantik
herausragt. Von den hohen Klippen eröffnet sich ein fantastischer Blick über
die malerisch gelegene Coumeenole
Bay. Nahe dem Ort Kilmalkedar wurde
im 7. Jahrhundert eine bootsförmige
Kirche (Glarus Oratory) errichtet. In den
Ruinen der Mönchssiedlung Reask finden sich verzierte Steintafeln.

Von Dunquin unweit des Coumeenole
Beach aus lohnt eine Schiffstour zu den
zwölf unbewohnten Blasket Islands. Das
Schulhaus bildete die Kulisse für David
Leans Spielfilm „Ryans Tochter" (1969).

AUF EINEN BLICK
COUMEENOLE BEACH
Land: Irland
Region: Dingle-Halbinsel
Beste Reisezeit: Mai bis September

Coumeenole Beach, eine der schönsten Seiten der irischen Westküste

Steinpfad zum Strand von Coumeenole

Das historische Museum Blasket Heritage Centre in Dunquin beschreibt das harte Leben auf den bis in 1950er-Jahre bewohnten Inseln. Wegen fehlender wirtschaftlicher Perspektiven zogen die Insulaner nach und nach fort.

Irische Lebensfreude

Coumeenole Beach liegt am Wild Atlantic Way, die Einwohner sprechen noch die alte irische Sprache. Irische Volksmusik und frische Meeresfrüchte gibt es in den Pubs und Restaurants in Dingle.

75

Raue Felsenklippen an der Alabasterküste

Der kleine französische Hafenort Etretat direkt am Ärmelkanal
in der Normandie hat wegen seiner faszinierenden Felsenklippen
(Falaises) Künstler und Melancholiker aus aller Welt angezogen.

Stumme Kreidezeugen

Die Falaises von Etretat an der Alabasterküste („Côte d'albâtre") sind imposante Kreidefelsen, die in Jahrmillionen durch natürliche Erosion eigentümlich geformt wurden. Die drei markanten Felsbögen Porte d'Amont, Porte d'Aval und Manneporte wurden auf unzähligen Gemälden u. a. der französischen Künstler Henri Matisse (1869–1954) und Claude Monet (1840–1926) festgehalten und von Autoren wie Gustave Flaubert (1821–1880) beschrieben. Für viele ist Etretat ein Symbol für die wilde Romantik der Normandie. Entlang der Steilküste führen Wanderwege zu den fantastischen Aussichtspunkten.

Wellen, Wind und Steine

Der Strand von Etretat ist von Klippen umgeben, welche die meist heftigen Winde am Ärmelkanal abhalten. Im Sommer wimmelt es hier von Touristen, im Winter zieht es Einheimische und

AUF EINEN BLICK

ETRETAT

Land: Frankreich
Region: Normandie
Beste Reisezeit: Mai bis September

Etretat, Sehnsuchtsort an der Nordwestküste Frankreichs voller natürlicher Schönheit

Besucher an, die den rauen Charme der Naturdenkmäler lieben. Strand und Ort verbindet ein promenadenartiger Damm. Die Spaziergänge auf den vielen Kieselsteinen sind nicht ganz einfach. Sie schützen das Ufer vor den wütenden Wellen und dürfen nicht mitgenommen werden. Früher wurden sie in Körbe ge-

worfen und mithilfe von Pferden zu den Porzellan-, Keramik- und Glasfabriken in der Nähe befördert.

In dem bei Ebbe freiliegenden Uferbereich unterhalb der Porte d'Aval sind Vertiefungen im Kalksockel, die zum Teil mit grünen Algen überwachsen sind. Es sind Reste ehemaliger Austernkulturen.

Die magische Insel im Norden Europas

Einsame Sandstrände, Raukfelsen, windumtoste Landstriche, Kalksteinklippen, Sümpfe und weitläufige Waldgebiete, rote Mohnfelder und die Ostsee prägen Schwedens Insel Gotland.

Schwedens Insel der Vielfalt

Zur Zeit der Wikinger war Gotland ein Handelszentrum. Aus der frühmittelalterlichen Epoche sind mehrere hundert Silberschätze erhalten geblieben. Die alte Hansestadt Visby hat ihre Ringmauer aus dem 13. Jahrhundert, ihre Gassen aus Kopfsteinpflaster und schöne alte Kaufmannshäuser bewahrt. Zu den markanten Besonderheiten Gotlands gehören die Raukar, bizarr geformte, bis zu 10 m hohe Kalksteinsäulen. Im milden Klima der schwedischen „Sonneninsel" gedeihen Pfirsiche, Walnüsse, Maulbeeren und Weintrauben. Im Sommer leuchtet ganz Gotland durch seine etwa 40 wilden Orchideenarten.

Schwedens zweitgrößte Insel Gotland zwischen Steilküste...

Mildes Klima in Skandinavien

Nicht überall in Skandinavien herrscht kühles nordeuropäisches Klima, der Süden ist überwiegend sonnig und mild. Deshalb ist Gotland im skandinavischen Sommer nicht nur für die Schweden ein Bade- und Erholungsparadies.

Die sonst eher kalte Ostsee erwärmt sich im Frühling und im Vorsommer beträchtlich, sodass sie in der Urlaubs- und Badesaison angenehm warm ist. Feinkörniger, weißer Sand, flaches Wasser, einsame Buchten und vom Meer geformte Kalksteine prägen die abwechslungsreichen Küsten Gotlands.

Zu den bekanntesten Stränden gehören Tofta strand an der Westküste, Sudersand auf der Nachbarinsel Fårö, Ireviken und Hundfria stränder. Neben Wasser und Sand locken Ausflugsziele wie die Altstadt und der botanische Garten in Visby. Das Bungemuseum zählt zu den größten Freilichtmuseen des Landes.

AUF EINEN BLICK

GOTLAND
Land: Schweden
Orte: Stånga, Visby
Beste Reisezeit: Mai bis September

.... und Sandstrand mit Pinienwald im Hinterland

Am südwestlichen Punkt Frankreichs

Im französischen Baskenland an der Grenze zu Spanien liegt das Seebad Hendaye mit seinem 3 km langen, breiten Sandstrand, eingebettet zwischen dem Atlantischen Ozean und Felsklippen.

Wind und Wellen

Hendaye liegt im französischen Département Pyrénées-Atlantiques am Golf von Biskaya und bildet den nordwestlichen Endpunkt des anspruchsvollen Wander- wegs GR10 entlang der Pyrenäen. Die beste Jahreszeit, um den Fernwander- weg zu begehen, ist aufgrund der Hö- henlage von Juni bis Oktober, wenn das

Der breite Strand von Hendaye im äußersten Südwesten Frankreichs

Brandung zwischen Felsblöcken bei Hendaye

Wetter am stabilsten ist. Dennoch muss mit plötzlichen Wetterwechseln gerechnet werden. Ruhe und Erholung finden die Wanderer in Schutzhütten, Herbergen und Gîtes d'Etappes.

Hendaye ist auch ein Mekka für Surfer, Segler und Kajakfahrer. Ein konstanter Wind aus westlichen Richtungen treibt die Wellen an den breiten und langen Sandstrand im Golf von Biskaya, der auch in den raueren Monaten zu einem Spaziergang einlädt.

Weitere Attraktionen

Der baskische Wissenschaftler und Mäzen Antoine d'Abbadia (1810–1897) ließ über der Steilküste von Hendaye ein Traumschloss errichten. Zu dem Chateau Observatoire Abbadia gehören eine Bibliothek, Salons, ein Boudoir, Schlafzimmer und eine Kapelle. Auf der Fasaneninsel im Grenzfluss Bidasoa schlossen 1659 der französische König Ludwig XIV. und der spanische Monarch Philipp IV. den Pyrenäenfrieden. In einem alten Bauernhof gibt es Informationen über das Naturschutzgebiet La Corniche Basque. Im Juli treten in den Vierteln der Stadt Artisten und Künstler auf.

AUF EINEN BLICK

HENDAYE

Land: Frankreich
Region: Baskenland
Beste Reisezeit: Juni bis Oktober

Hölzerne Strandpromenade von Jantarny an der russischen Ostseeküste

Ein kaltes Bad in der russischen Enklave

Der Ostseestrand in Jantarny in der Enklave Kaliningrad erhielt als erster Strand in Russland das Gütesiegel der Blauen Flagge für gute Wasserqualität und hohe Sicherheitsstandards.

An der Bernsteinküste

Der Name des Ortes Jantarny (früher Palmnicken) rund 40 km westlich von Kaliningrad (früher Königsberg) stammt vom russischen Begriff für Bernstein, der noch gelegentlich an dem etwa 300 m langen Strand zu finden ist. Der Baltische Bernstein bildete sich aus dem Harz der riesigen Kiefern- und Zedernwälder, der vor rund 45 Mio. Jahren versteinerte. Der Strand des Ortes wurde vor wenigen Jahren umfangreich restauriert.

An heißen Sommertagen kommen bis zu 2000 Gäste hierher. Badenixen könnten aber ins Bibbern geraten, denn die Ostsee ist auch im Juli nur 17 °C warm.

AUF EINEN BLICK

JANTARNY

Land: Russland
Region: Kaliningrad
Beste Reisezeit: Mai bis September

Die junge Perle an der Adria

Der junge Balkanstaat Montenegro hat mit dem Jaz Beach von Budva einen der schönsten Strände Europas. Für Sonnenhungrige und Badenixen ist er ein heißer Geheimtipp.

Malerische Küste

Der Jaz Beach an der rund 200 km langen montenegrinischen Adriaküste liegt nahe der mehr als 2500 Jahre alten Küstenstadt Budva, die mit dem größeren Dubrovnik in Kroatien verglichen wird. Budva wurde nach einem schweren

Erdbeben 1979 originalgetreu wieder aufgebaut. Der weitläufige Jaz Beach mit seinem Kiessand liegt in einer geschützten Bucht. Er wurde 2015 vom australischen Reiseführer-Verlag Lonely Planet zum schönsten Strand Europas gewählt. Die Bucht von Budva wird von der kleinen Insel Sveti Nikola begrenzt. Früher war sie über eine Landzunge zu Fuß erreichbar, im Sommer fahren Ausflugsboote hinüber.

Jaz Beach bei Budva in Montenegro, noch ein Geheimtipp für Adriaurlauber

Über tierische und menschliche Insulaner

Seinen Besuchern bietet Juist autofreie Erholung ohne Hektik. Wegen der Gezeiten legen nicht so viele Fährschiffe an wie auf der Nachbarinsel Norderney, sodass Juist nie überlaufen ist.

Pferdewagen statt Autos

Juist liegt zwischen Borkum und Norderney und ist in vieler Hinsicht ungewöhnlich. Sie ist nur 500 m breit, aber mit 17 km die längste ostfriesische Insel mit einem ebenso langen weißen Sandstrand. Hier gibt es keine quer verlaufenden Dämme (Buhnen) zum Schutz der Küste, sodass ausgedehnte Spaziergänge ohne Hindernisse möglich sind. Pferdetaxis bringen die Besucher über die Insel. Am westlichen Ende befindet sich die Bill, ein Sandriff aus großen Sandbänken mit Wasserläufen (Prielen). Bei Ebbe entsteht eine weiträumige Sandwüste. Westlich des süßwasserhaltigen Hammersees entstand in den 1930er-Jahren ein kleiner Wald, in dem Rotwild lebt. Im Nationalpark Wattenmeer sind Schnecken, Muscheln, Krebse und rund 2 Mio. Zugvögel unterwegs. An der Ostspitze auf der Seeseite tummeln sich Robben und Seehunde.

Viel Raum für lange Spaziergänge am Strand der Ostfriesischen Insel Juist

Endloser Sandstrand

Der lange Strand auf der Nordseite der Insel ist ein Eldorado zum Baden, Sonnen, Spielen, Joggen und Spazierengehen. Hier lässt sich der Rhythmus der Natur bei Ebbe und Flut erleben. Dabei weht stets eine frische Brise.

AUF EINEN BLICK

JUIST

Land: Deutschland
Orte: Juist, Loog
Beste Reisezeit: Mai bis September

Bunte Strandkörbe auf Juist

Guter Tagestipp für die türkische Riviera

Der kleine Naturstrand an der Mittelmeerküste in einer Bucht zwischen den Orten Kas und Kalkan in der südwestlichen Türkei ist einer der schönsten Badeplätze des Urlaubslandes.

Strand von Kaputas im Südwesten der Türkei – was für eine Bucht!

Sand, Kieselsteinchen und zauberhaftes Wasser zwischen Kas und Kalkan

Schmale Schlucht am Meer

Der Fluss Kaputas hat kurz vor seiner Mündung ins östliche Mittelmeer in die Ausläufer des Taurusgebirges am Strand eine etwa 200 m lange Schlucht geformt. Der gleichnamige Strand Kaputas Beach liegt etwa 20 km westlich von Kas und 7 km südlich von Kalkan unterhalb der nicht besonders stark befahrenen Schnellstraße D400. An beiden Seiten der Bucht fallen die Felswände fast senkrecht ins Meer.

Von der Straße ist der Naturstrand über Treppen erreichbar. Von den Klippen eröffnet sich ein sagenhafter Blick über die Bucht und das tiefblaue Mittelmeer. Wer die 170 Felsstufen nicht hinuntersteigen möchte, kann eines der Ausflugsschiffe besteigen, die von Kas und Kalkan aus zur Bucht fahren.

Naturstrand an der Straße

Das Meer fällt schnell tief hinab und sorgt an heißen Tagen für angenehme Abkühlung, die Wellen werden ziemlich groß. Der kleine Strand besteht aus hellem Sand und Kieseln. Vor Ort gibt es einen Kiosk und ein überdachtes Restaurant. Duschen, Toiletten und Umkleidekabinen findet man direkt am Strand. Von April bis November sorgt ein Rettungsschwimmer für Sicherheit. Vom Strand führt ein enger Weg in die Kaputasschlucht.

AUF EINEN BLICK

KAPUTAS BEACH

Land: Türkei
Orte: Kas, Kalkan
Beste Reisezeit: Mai und Juni, September und Oktober

Frische Brise in den Dünen an der Ostsee

Die Halbinsel der Kurischen Nehrung gehört etwa zu gleichen Teilen zu Litauen und zur Russischen Föderation. Vor allem der litauische Teil um Nida ist ein beliebtes Reiseziel.

Landzunge im Baltikum

Die Kurische Nehrung ist ein 100 km langer Landstreifen an der Baltischen See (Ostsee) vom litauischen Klaipeda im Norden bis nach Malinovka im russischen Oblast Kaliningrad im Süden.

Die Nehrung trennt das Kurische Haff von der Ostsee. Gut die Hälfte der Halbinsel gehört zum litauischen Gebiet und wird seit längerem touristisch genutzt. Die Breite variiert von einigen hundert

Zwei Gesichter der Kurischen Nehrung: Bäume und Sträucher...

... sowie ausgedehnte Sanddünen entlang der Ostseeküste

Metern bis zu wenigen Kilometern. Die mit 3,8 km breiteste Stelle befindet sich beim Bulvikio ragas, 4 km nordöstlich von Nida, dem Grenzort des litauischen Teils. Die schmalste liegt bei der Siedlung Lesnoi am südlichen Ende der Nehrung und ist nur 380 m breit.

Große Teile der Region, die seit 2000 zum UNESCO-Welterbe gehört, sind Naturschutzgebiete mit einer reichen Pflanzen- und Tierwelt. Die weitläufigen Sandstrände und das bewaldete Hinterland bieten Einheimischen und ausländischen Gästen Raum für Erholung.

AUF EINEN BLICK

KURISCHE NEHRUNG

Länder: Litauen, Russland
Region: Baltische See
Beste Reisezeit: Juni bis August

Durch Zugehörigkeit der Exklave Kaliningrad zu Russland bildet dieser Teil der Kurischen Nehrung eine Außengrenze der Europäischen Union, die regulären Grenzkontrollen und den entsprechenden Einreisebestimmungen wie z. B. der Visumpflicht unterliegt.

Wildromantische Bucht von Kvalvika auf der norwegischen Inselgruppe

Naturidylle am kühlen Strand der Lofoten

Hohe raue Berge umgeben die abseits der Zivilisation gelegene Kvalvika-Bucht auf der Inselgruppe Lofoten vor der Küste Norwegens. Der einstündige Fußweg führt durch steiniges Gelände.

Geheimnisvolle Inseln

Die rund 80 Lofoten-Inseln vor der norwegischen Nordwestküste liegen etwa 100 bis 300 km nördlich des Polarkreises im Atlantik und sind vom Festland durch den Vestfjord getrennt. Die wichtigsten Inseln sind durch Brücken oder Tunnel miteinander verbunden.

Die Lofoten sind vor allem bekannt für steile Berge, eine unberührte Natur und reiche Fischbestände. Die zahlenmäßig geringe Inselbevölkerung, etwa 25 000 Menschen, lebt vor allem vom Fischhandel. Für Kletterer und Wanderer sind die gebirgigen Inseln ein Paradies. Man erreicht sie vom Norden und vom Süden aus mit Fähren und Schnellbooten.

Naturstrand an der Straße

Die zumeist menschenleere Kvalvika-Bucht umfasst zwei von einem Felsen getrennte Sandstrände, im Hinterland erstrecken sich Fjorde und Weiden. In den letzten Jahren kommen einzelne norwegische Surfer wegen der schönen Wellen hierher, doch ist die Kvalvika-Bucht alles andere als oft besucht. Die Ruhe und ur-

Mächtige Felsen trennen die beiden Sandstrände der Kvalvika-Bucht voneinander.

sprüngliche Natur kann man wunderbar genießen, wildes Campen ist ausdrücklich erlaubt. Deshalb sollten Besucher der Lofoten Zeit und Muße mitbringen, um die Nacht in der fantastischen Bucht am Nordmeer zu verbringen.

AUF EINEN BLICK

KVALVIKA-BUCHT

Land: Norwegen
Ort: Lofoten-Inseln
Beste Reisezeit: Mai bis September

91

Lichtspiel im Wechsel der Gezeiten

Einen Steinwurf von Lizard Point, dem südlichsten Punkt Englands entfernt, liegt eine der schönsten Buchten Großbritanniens. Kynance Cove sollten die Besucher bei Ebbe und bei Flut erleben.

Bizarre Felsformationen an der milden Küste Cornwalls

Sonne, Wind und Wellen

Auf der Lizard-Halbinsel hat sich im milden Klima der südenglischen Landschaft Cornwall eine für Großbritannien ungewöhnliche Flora und Fauna entwickelt. Rund um die Bucht wachsen zum Teil seltene Wildblumen und Kräuter. Strandfans wandern von Lizard Village rund 3 km nördlich zur abgeschiedenen Bucht Kynance Cove, die schon Dichter wie Alfred Tennyson (1809–1892) zu blumigen Versen inspirierte. Bei Sturm peitschen die Wellen wuchtig gegen die vorgelagerten Granitfelsen und am Strand ist es kaum auszuhalten. Bei ruhigem Wetter dagegen genießen die Strandläufer eine einmalige Landschaft.

Naturstrand an der Straße

Über eine schmale Treppe gelangen die Besucher zum Wasser. Achten sollten sie auf den Stand der Gezeiten, einige der Höhlen am Kynance Cove und Teile des Strandes sind beim Wasserhöchststand nass. Je nach Ebbe, Flut und Sonnenstand ergeben sich faszinierende Lichtspiele, die das Herz jedes Fotofreundes höher schlagen lassen.

AUF EINEN BLICK
KYNANCE COVE
Land: Großbritannien
Region: Cornwall
Beste Reisezeit: Mai bis September

Kynance Cove, eine höhlenreiche Bucht im äußersten Südwesten Englands

Reine Natur rund um den Süßwassersee

Angler, Abenteuer- und Aktivurlauber finden am Ladogasee, dem größte Süßwassergebiet Europas, ideale Möglichkeiten. Pilger und Touristen besuchen die Klosterinsel von Walaam.

Raues Klima im Norden

Die Wasserfläche des Ladogasees im Nordwesten Russlands entspricht etwa der Größe Sachsens. Mehr als 500 kleine Inseln liegen im See. Einziger Abfluss ist die Newa, die in St. Petersburg in die Ostsee mündet. Der Zufluss des Swir verbindet den Ladoga- mit dem Onegasee, dem zweiten großen Gewässer Nordrusslands. Im Sommer kommen Kreuzfahrtschiffe sowie Jachten und Boote ebenso in diese klimatisch raue Gegend wie Angler und hartgesottene Bade-

AUF EINEN BLICK
LADOGASEE
Land: Russland
Region: Oblast Leningrad, Karelien
Beste Reisezeit: Juni bis August

gäste. Zahlreiche Wanderer durchstreifen die naturwüchsigen Wälder Kareliens, Spaziergänger genießen am Strand die Abendsonne. Mehr als 100 000 Menschen jährlich besuchen das alte Kloster von Walaam auf der gleichnamigen Insel im See.

Abendstimmung am Ladogasee im Nordwesten Russlands

Ruhige Ostsee in der polnischen Bucht Leba

Entdeckungsreise ins Land der Kaschuben

Der Urlaubs- und Fischerort Leba an der Mündung des Flusses in die Ostsee bildet den Zugang zum Slowinzischen Nationalpark mit seinen langen Wanderdünen und breiten Sandstränden.

Fischer, Künstler, Urlauber

Im alten Fischerdorf Leba in der Region Kaschubien gab es schon Anfang des 19. Jahrhunderts ersten Badetourismus, 1862 wurde es Seebad. Aus dieser Zeit stammt das frühere Kurhaus (heute ein Hotel). Der Maler Max Pechstein, der 1921–45 in Leba, dem Heimatort seiner Frau, wohnte, schuf hier eine Künstlerkolonie, die u. a. von George Grosz und Karl Schmitt-Rotluff besucht wurde.

Heute lockt Leba in den Sommermonaten Badegäste aus ganz Polen. Die ca. 180 km² großen Sanddünen des Nationalparks lassen sich das gesamte Jahr über durchwandern; die Lonske-Düne ist mit 42 m die höchste der Region. Im Slowinzischen Freilichtmuseum von Kluki (Klucken) sind Bauernhöfe und Fischerkaten zu sehen.

> **AUF EINEN BLICK**
>
> ### LEBA
> **Land:** Polen
> **Region:** Kaschubien
> **Beste Reisezeit:** Mai bis September

Sonnenschirme am Schwarzmeerstrand von Mamaia in Rumänien

Urlaubsfreuden an der Schwarzmeerküste

Der Badeort Mamaia in der Nähe der Großstadt Constanta ist von zwei Seiten von Wasser umgeben: im Osten vom rumänischen Teil des Schwarzen Meeres, im Westen von einem kleineren See.

Zwischen Relaxen und Party

Seine Blütezeit erlebte Mamaia in den 1960er- bis 1980er-Jahren, als Touristen aus den damaligen sozialistischen Staaten Osteuropas in Scharen an die Schwarzmeerküste kamen. Heute verbringen überwiegend Rumänen für einen oder mehrere Tage hier ihre Ferien. Der flache lange Sandstrand ist gut geeignet für Familien mit Kindern und für ausgiebige Spaziergänge. Die Badehauptsaison dauert von Ende Mai bis Ende August, die Tagestemperaturen liegen zwischen 25 und 30 °C. An der Promenade befinden sich verschiedene Klubs, die zum abendlichen Partyrummel einladen. Wer es ruhiger mag, bleibt am besten am Strand.

AUF EINEN BLICK

MAMAIA

Land: Rumänien
Ort: Constanta
Beste Reisezeit: Juni bis August

Ein Schmuggler-schiff am Strand

Auf der griechischen Insel Zakynthos vor der Westküste gibt es schöne Strände. In der kleinen Bucht von Navagio strandete vor fast vier Jahrzehnten ein Schmugglerschiff.

AUF EINEN BLICK

NAVAGIO

Land: Griechenland
Region: Insel Zakynthos
Beste Reisezeit: Frühjahr und Herbst

Korfus kleine Schwester

Die Ionische Insel Zakynthos ist nicht so bekannt wie das nördlich gelegene Korfu. Höhlentaucher durchstreifen rund um Zakynthos die etwa 20 Grotten, Klüfte, Felsen und Klippen. Zu den Attraktionen zählen die Grotten von Keri im Süden sowie die blauen Grotten und die Schmugglerbucht im Norden der Insel. An den Stränden von Zakynthos nisten die vom Aussterben bedrohten Unechten Karettschildkröten.

Mit etwas Glück können Taucher mit ihnen sogar im Meer schwimmen. In die Navagio-Bucht kommen die Besucher nicht nur wegen des schönen Strandes und des blauen Wassers, sondern auch wegen des Wracks eines Schmugglerschiffs, das 1980 hier strandete und seitdem vor sich hin rostet.

Bucht von Navagio auf der griechischen Insel Zakynthos mit dem rostenden Schiffswrack

Oldshoremore Beach im Norden Schottlands, Einsamkeit garantiert

Allein im wilden Norden Schottlands

Eine der schönsten Buchten Schottlands wurde in Jahrmillionen von Muschelablagerungen und Erosion der Sandsteinfelsen geprägt. Hierher kommen nur wenige ausländische Besucher.

Landschaft mit rauem Charme

Oldshoremore Beach, von den Einheimischen Am Meallan genannt, befindet sich im Norden Schottlands in der Hochland-Grafschaft Sutherland. Die weitläufige, idyllisch-romantische Bucht verfügt über einen sehr schönen Sandstrand. Auf der Rückseite ist er von mit hohem Gras bewachsenen Hängen und auf der Meerseite durch steile Felsklippen begrenzt. Bei Ebbe kann man ziemlich tief im Sand einsinken, deshalb bitte etwas aufpassen! Ein paar Kilometer weiter befindet sich in der Sandwood Bay ein ebenso schöner Strand, den Wanderfreudige in rund einer Stunde zu Fuß erreichen können.

Wetterfeste Vorbereitung

Wie überall in Schottland ist das Wetter sehr wechselhaft. Deshalb sollten Be-

Schroffe Felsen und weicher Sand

sucher stets eine wind- und regenfeste Jacke dabei haben, denn ein Regenschauer lässt meist nicht lange auf sich warten. Wer an kühleren Tagen ein stilvolles Picknick am rauen Atlantikstrand mag, könnte sich als kleinen „Aufwärmer" einen echten Scotch Whisky einschenken, vielleicht einen scharfen Talisker von der südwestlich gelegenen Insel Skye, der nicht nur die Kehle wärmt.

AUF EINEN BLICK

OLDSHOREMORE BEACH

Land: Großbritannien
Region: Schottland
Beste Reisezeit: Juni bis August

Wellness pur am blauen Wunder Lykiens

Das blaue Wasserparadies der Bucht von Ölüdeniz ist von hohen bewaldeten Felsen umgeben. Hier sind vom Frühjahr bis zum Spätherbst wunderbare Natur- und Badeerlebnisse möglich.

Eine märchenhafte Idylle

Die kleine Gemeinde Ölüdeniz liegt im Südwesten der türkischen Küste am Fuß des 1969 m hohen Berges Babadag. Das Wasser des östlichen Mittelmeers schwappt nur ganz sanft in die zauberhafte Blaue Lagune von Ölüdeniz, das übersetzt Totes Meer heißt.

Die Besucher schwelgen beim Blick auf das stets ruhige Wasser in fantastischen Blautönen. Der Sandstrand geht teilweise in Kieselabschnitte über, die aufgeschüttet wurden. Strand und Wasser sind sehr sauber und haben das Gütesiegel der Blauen Flagge erhalten.

Ölüdeniz, eine fantastische Bucht an der türkischen Riviera

Traumhafte Türkei: Blaues Meer und weißer Strand, da kommen die Gäste gern.

Fliegen und Wandern

Fast das ganze Jahr über nutzen die Gleitschirmflieger die Höhen über der reizvollen Bucht, vor allem vom Babadag, für ihre atemberaubenden Runden. Anfänger dieses Sports sollten sich allerdings wegen der teilweise tückischen Winde nicht ohne einen erfahrenen Partner in die Lüfte wagen.

Ölüdeniz bildet auch den Ausgangspunkt für den mehr als 500 km langen Lykischen Fernwanderweg an der malerischen südtürkischen Küste entlang bis nach Antalya. Die rund 14 km von der Blauen Lagune entfernte Stadt Fethi-

ye mit ihren rund 90 000 Einwohnern hat oberhalb der Moschee Eski Cami quirlige Altstadtgassen mit Treppen und den charakteristischen Eckhäusern Lykiens zu bieten. In der Nähe des Ortes befinden sich mehrere hundert Jahre alte Felsengräber.

AUF EINEN BLICK

ÖLÜDENIZ

Land: Türkei
Ort: Fethiye
Beste Reisezeit: April bis Dezember

Die Königin der Seebäder in Flandern

Die belgische Hafenstadt an der Küste Westflanderns wird als „Königin der Seebäder" bezeichnet. Dazu gehören das Vergnügungsviertel sowie etwa 300 Cafés und Restaurants.

Knotenpunkt dreier Länder

Die frühere Insel Testerep östlich der Mündung der Yser in die Nordsee ist inzwischen im Festland aufgegangen. Ostende liegt an ihrem ehemaligen östlichen Punkt. Sowohl die französische als auch die niederländische Grenze sind nur rund 30 km vom Stadtzentrum entfernt. Seit dem frühen 18. Jahrhundert bildete die Ostender Kompanie als Handelsgesellschaft die Basis für den Güteraustausch mit Ostindien. Den belgischen Monarchen diente Ostende lange Zeit als Sommerresidenz. Die im Zweiten Weltkrieg größtenteils zerstör-

Belgiens bekanntestes Seebad Ostende mit seinem breiten Sandstrand

Denkmal und Riesenrad am Platz Zeeheldenplein in Ostende

ten Hafenanlagen wurden wiederauf-
gebaut. Daneben finden sich hier ein
Kurbad, ein Kursaal sowie Jacht- und
Fischereihäfen.

Baden, Flanieren und Spielen

Der traumhafte Strand lädt zu ausge
dehnten Spaziergängen und sportlichen
Aktivitäten ein. Die Strandpromenade
erstreckt sich über den gesamten See-
deich und ist von Straßencafés sowie
Restaurants gesäumt. Die 1857 eröffne-
te Spielbank liegt direkt am Strand und
bietet eine traumhafte Aussicht auf die
weite Dünenlandschaft der belgischen

AUF EINEN BLICK
OSTENDE
Land: Belgien
Region: Westflandern
Beste Reisezeit: Mai bis September

Nordseeküste. Ein öffentliches Nahver-
kehrsmittel der besonderen Art ist die
Kusttram: Die ca. 68 km lange Straßen-
bahnlinie verbindet alle Orte der flämi-
schen Nordseeküste miteinander und ist
damit die längste Straßenbahn der Welt.
Historisch Interessierte finden im Atlan-
tikwallmuseum Anschauungsmaterial.

103

Wellenreiter und Atlantiktaucher

Der Ort an der wellenreichen portugiesischen Atlantikküste ist ein Paradies für Surfer aus aller Welt. Die vorgelagerte ursprüngliche Inselwelt der Berlengas ist ein beliebtes Tauchgebiet.

Bucht von Peniche mit den Berlengas-Inseln vor der Küste Portugals

Surferparadies an der portugiesischen Atlantikküste

Surfers Paradies

Peniche liegt auf einer Halbinsel mit einer hohen Steilküste, die nur im Hafen und am nördlichen Ende flach zum Meer hin abfällt. Am westlichsten Punkt befindet sich das Cabo Carvoeiro mit einem Leuchtturm, wo die im Ozean liegende Inselgruppe der Berlengas sehr gut sichtbar ist. Ein Weg und Treppenstufen führen von der Küstenstraße zur Höhle Gruta da Furninha.

Südlich der Halbinsel erstreckt sich der Sandstrand Praia do Medão. Gleich neben der Stadt liegt der Praia dos Supertubos, von dem sich die Surfer wagemutig in die langen, röhrenförmigen Wellen werfen. Auch weiter nördlich, in einer sandigen Bucht, die bis ins 5 km entfernte Baleal reicht, fühlen sich die Wellenreiter in ihrem Element.

Inseln vor der Stadt

Die Hauptinsel der Berlengas vor der Küste von Peniche ist Berlenga Grande (Ilha da Berlenga), die noch teilweise bewohnt ist. Bizarre Felsformationen sowie Buchten und Grotten prägen das Eiland. Unterhalb des alten Leuchtturms steht das Forte de São João Baptista das Berlengas aus dem 17. Jahrhundert. Das lichtdurchlässige Wasser rund um die Inseln ist ideal für Taucher, die hier eine vielfältige Meeresfauna und -flora beobachten können.

Playa de La Concha im Golf von Biskaya, im Hintergrund die Stadt San Sebastián

An der schönen Küste des Baskenlandes

Einer der bekanntesten Stadtstrände Europas befindet sich am Stadtrand von San Sebastián im spanischen Baskenland. Der feinsandige Streifen ist etwa 1,4 km lang und rund 40 m breit.

Bucht im Golf von Biskaya

Die stolzen Basken müssen nicht an die Ost- und Südküste Spaniens fahren, um Sonne, Wind und Meer zu erleben. In der baskischen Stadt San Sebastián liegt der Urlaub vor der Haustür. Die Playa de La Concha (Muschelstrand), baskisch Kontxa Hondartza, bildet einen weiten Bogen im Golf von Biskaya. Die langgezogene Bucht wird durch den Monte Igueldo und den Monte Urgull begrenzt.

Von der Strandpromenade ist es nicht weit bis zur Parte Vieja, der Altstadt San Sebastiáns. Sie wurde nach dem Brand von 1813 schachbrettartig angelegt.

Strand am Stadtrand

Joggen, Schwimmen, Kajakfahren, Sonnenbaden und Relaxen – das und vieles mehr ist an der Playa de La Concha möglich. Dazu gibt es gratis einen tollen

Ein Strand vor der Haustür San Sebastiáns

Blick auf das Meer und die umgebenden Berge. Die Strandpromenade lädt zum Verweilen, Spazierengehen und Beobachten ein. Abends entwerfen die vielen Lichter an der Promenade ein romantisches Szenenbild.

PLAYA DE LA CONCHA

Land: Spanien
Ort: San Sebastián
Beste Reisezeit: Mai bis September

Zu Gast auf der kleinen Baleareninsel

Abseits der Touristenhochburgen bietet das ruhigere Formentera
schöne Sandstrände und türkisblaues Meer. Fähren, Katamarane
oder Schnellboote fahren von Ibiza auf die Insel.

Eine der vielen Steinfiguren auf Formentera

Playa de ses Illetes auf der spanischen Mittelmeerinsel Formentera

Klein, aber fein

Formentera, die zweitkleinste bewohnte Baleareninsel, gilt vielen Besuchern als der schönste Platz der Inselgruppe. Das Badeparadies mit dem angeblich klarsten Wasser des Mittelmeers bietet sogar in der Hochsaison noch einen ruhigen Platz an der Sonne. Seit den 1960er-Jahren vor allem bei Hippies und Aussteigern ein Geheimtipp, lockt Formentera seit den 1980er-Jahren auch zahlreiche Pauschalreisende an. Anders als Ibiza, Mallorca und Menorca wird Formentera nicht von nächtlichen Partymarathons erschüttert. Vor allem in der Nebensaison im Frühjahr und Herbst bietet das warme Klima auf Formentera Ruhe und Erholung pur.

Tour mit dem Drahtesel

Globetrotter in Sachen Strand schwärmen von der Playa des ses Illetes. Licht und türkisfarbenes Meer seien hier einzigartig. Wer nicht nur schwimmen, tauchen und sonnenbaden möchte, findet auf der kleinen Insel ideale Möglichkeiten für eine an Eindrücken reiche Fahrradtour. Rund 20 malerische Strecken führen durch Dünen, Weinberge, Zedern- oder Pinienwälder.

AUF EINEN BLICK

PLAYA DE SES ILLETES

Land: Spanien
Region: Insel Formentera
Beste Reisezeit: April bis Oktober

Kanareninsel mit dem besonderen Flair

Eingebettet in eine weite, windgeschützte Dünenlandschaft, glänzt die Playa Mujeres im Süden der Kanareninsel Lanzarote mit einem goldgelbem Sandstrand und kristallklarem Wasser.

Playa Mujeres im Süden der Kanareninsel Lanzarote, Spanien

Traumhafte Landschaft

Lanzarote gilt als die etwas andere Insel der Kanaren vor der afrikanischen West-küste. Die Landschaft aus Vulkanen, Grotten und einsamen Stränden wurde im Jahr 1993 von der UNESCO, der Kul-turorganisation der Vereinten Nationen, zum Biosphärenreservat erklärt. Der Nationalpark Timanfaja illustriert ein-drucksvoll die jüngere vulkanische Akti-vität der Insel und bietet eines der spek-takulärsten visuellen Schauspiele der Kanaren. Hier gibt es fast keine Vegeta-tion, sondern nur schroffe Gesteinsfor-mationen und prächtige Farben von Rot über Ocker bis zu Schwarz und Orange. Abseits dieser fantastischen, urwüchsi-gen Vulkanlandschaft liegen im Süden und Südosten der Insel die Ferienorte.

Baden, Surfen, Wandern

Die Playa Mujeres (Strand der Frauen) ist einer der bekannten Strände östlich von Playa Blanca, die unter dem Begriff Playa Papagayo zusammengefasst werden. Die breite und einige hundert Meter lange Playa Mujeres bildet den größten Strandabschnitt. Er fällt zum Meer hin langsam ab, die Wellen haben es allerdings in sich und locken viele Surfer an. Bei Ebbe treten markante Felsbuchten hervor, auf den Steilküsten gibt es ausgiebige Wandermöglichkeiten mit tollen Blicken auf das Meer.

PLAYA MUJERES
Land: Spanien
Region: Insel Lanzarote
Beste Reisezeit: April bis Oktober

Weitere natürliche Attraktionen der Insel sind El Golfo, ein teils im Meer versunkener Krater mit Lagune, die Feuerberge (Montañas del Fuego) im Timanfaya-Nationalpark und Los Hervideros, durch Erosion entstandene „Kochlöcher" an der lavareichen Südküste.

Baden und Surfen am Strand von Mujeres

Eine Brücke zwischen Insel und Festland

Auf der Ionischen Insel Lefkas vor der Halbinsel Peleponnes geht es meist noch beschaulich zu. Vor allem bei Einheimischen beliebt sind die beiden Strände Porto Katsiki und Kathisma.

Abseits der Touristenströme

Die griechische Insel Lefkas ist etwas kleiner als das Stadtgebiet von Köln und über eine schmale Brücke mit dem Festland verbunden. In direkter Nachbarschaft befinden sich die beiden Inseln Kefalonia und Ithaka. Anders als auf den bekannten griechischen Inseln in der Ägäis oder auf Kreta gibt es hier keinen Massentourismus.

Im Osten der Insel liegen die Städte Lefkas und Nydri, die Dörfer in den Bergen im Innern haben ihren traditionellen Charakter weitgehend erhalten. Badefreunde finden reichlich Gelegenheit an den Stränden von Porto Katsiki im Südwesten und Kathisma im Nordwesten. In der Bucht um Vassiliki im Süden mit seinem beständigen Wind liegt einer der begehrtesten Surfplätze Europas.

Strand von Porto Katsiki auf der griechischen Insel Lefkas

Die schmale Treppe vom Parkplatz hinunter zum Strand von Porto Katsiki

Eine Treppe zum Strand

Der paradiesische Strand Porto Katsiki liegt in der südwestlichen Ecke der Insel. Eine kurze Treppe vom Strand entfernt befinden sich der Parkplatz sowie kleine Bars mit Blick auf die Bucht.

AUF EINEN BLICK

PORTO KATSIKI

Land: Griechenland
Region: Insel Lefkas
Beste Reisezeit: April bis Oktober

113

Zufahrt bis fast an das Wasser möglich: Strandbesucher auf der dänischen Insel Rømø

Sylts dänische Nachbarin Im Norden

Die Insel Rømø ist die südlichste dänische Nordseeinsel und Nachbar von Sylt. Wegen ihrer Landschaft und den weiten Stränden zählt sie zu den beliebtesten Urlaubsgebieten Dänemarks.

Sand und Dünen

Die Insel ist durch die Sandbewegungen der Nordsee entstanden, deshalb ist die höchste Erhebung Rømøs eine rund 20 m hohe Sanddüne. Von der Nordsee weht fast immer ein kräftiger Wind, sodass die Insel ein Paradies für Kitesurfer, Buggykiter und Fans von Lenkdrachen ist. Der Sandstrand zieht sich auf einer Breite von 4 km (bei Niedrigwasser) an der Westküste entlang, Besucher dürfen mit dem Auto bis fast an das Wasser heranfahren.

Tradition und Kultur

Neben Sonne, Wind und Wasser hat Rømø einige Sehenswürdigkeiten. Im Kommandørgården, einem alten Erbhof und heutigen Museum, residierte früher der Amtsvorsteher der Insel. Etwas weiter südlich steht Toftum Skole, die kleinste und älteste Schule Dänemarks von 1784. Die Rømø Kirke mit den Votivschiffen ist dem Schutzheiligen der Seefahrer, St. Clemens, geweiht. Auf dem Friedhof wurden für die Walfangkapitäne Grabsteine aufgestellt.

AUF EINEN BLICK

RØMØ

Land: Dänemark
Ort: Havneby
Beste Reisezeit: Mai bis September

Die restaurierte reetgedeckte Toftum Skole aus dem Jahr 1784, Dänemarks älteste Schule

Ein Walschädelknochen ist in Kongsmark zu sehen. Im Hafen des Hauptortes Havneby liegen die Schiffe der Krabbenfischer. Ausgestopfte Seehunde und Vögel, die 4 m lange Barte eines Bartenwals, Knochen eines Pottwals und ein 2,2 kg schwerer Bernsteinklumpen sind im Naturcenter Tønnisgård ausgestellt.

Zwischen Hochgebirge und Bucht

Im Süden der Insel Korsika liegt eine der schönsten Strandregionen des Mittelmeers. Die Bucht von Rondinara (korsisch: rund) lockt mit feinem Sand und besonders klarem Wasser.

La plus belle plage!

Mit einzigartiger Präzision hat die Natur in Jahrtausenden eine nahezu kreisrunde Bucht mit zwei Halbinseln geformt. Rondinara gilt vielen als schönster Strand Frankreichs. Seine beiden äußeren Enden bilden eine schmale Einfahrt in die Bucht, in der viele Schiffe und Jachten ankern. Der feine weiße Strand

Die „runde" Bucht Rondinara auf der französischen Insel Korsika

Felsige Uferzonen mit feinen Sandstränden dazwischen

zieht Badeurlauber aus Frankreich und der ganzen Welt an. Die Rondinara-Bucht liegt etwa auf halber Strecke zwischen Bonifacio und Porto Vecchio und ist über eine kleine kurvenreiche Straße erreichbar.

Weitere schöne Strände

Im Süden bietet Calalonga vielfältige Wassersportmöglichkeiten, rund um die kleine Bucht von Canella wachsen die Büsche der wilden Macchie und Palmen. Der Strand von Sant'Amanza wird von einer weißen Steilküste und Granitfelsen malerisch eingeschlossen, Piantarella ist bei Kitesurfern beliebt.

Die Stadt Porto Vecchio lockt mit dem malerischen Tamaricciu-Strand; aus der Zeit der Herrschaft Genuas sind noch Teile der alten Stadtbefestigung und die Bastion de France erhalten. An der Nordküste bietet Algajola den Surfern hohe Wellen. Die schneeweiße Sandbucht von Saleccia ist von einer wild wuchernden Agreatenwüste umgeben.

AUF EINEN BLICK

RONDINARA
Land: Frankreich
Region: Insel Korsika
Beste Reisezeit: April bis Oktober

Sizilien von seiner schönsten Seite

Rund 3 km entlang der sizilianischen Nordwestküste erstreckt sich einer der attraktivsten Strände Italiens. San Vito lo Capo liegt am Ende einer Halbinsel am Fuß des Monte Monaco.

Korallen in der Bucht

Der paradiesische, gepflegte Strand ist nur zu Fuß zu erreichen und fällt zum Meer hin sanft ab, sodass sich hier auch viele Familien mit kleinen Kindern tummeln. Der Strand des kleinen Ortes San Vito lo Capo im Nordwesten Siziliens versprüht karibisches Flair. Ein Sprung in das kristallklare, türkisblaue Wasser ist auch für die Einheimischen im brütend heißen sizilianischen Sommer eine willkommene Abkühlung. Die bisweilen am Strand zu findenden roten oder rosafarbenen Korallenstücke werden zu Schmuck verarbeitet. Keine Stücke mitnehmen, denn der Korallenbestand steht unter Naturschutz!

Leichter Wellengang am San Vito lo Capo im Nordwesten der italienischen Insel Sizilien

Blick vom Wasser zum Strand und dem dahinterliegenden Monte Monaco

Die Umgebung erkunden

Wer vom Baden genug hat und eine weniger heiße Tageszeit wählt, kann bei einer Wanderung durch den geschützten Riserva naturale orientata dello Zingaro im Nordwesten eine der schönsten Naturküsten Siziliens erleben. Die rund 20 m hohe Uzzo-Grotte wurde seit Urzeiten als Unterschlupf und Stallung von Ziegenhirten genutzt. Man erreicht sie, wenn man von Tonnara del Uzzo einige hundert Meter landeinwärts geht.

AUF EINEN BLICK

SAN VITO LO CAPO

Land: Italien
Region: Insel Sizilien
Beste Reisezeit: Frühjahr und Herbst

119

Abendlicht in Sidari im Norden der griechischen Insel Korfu

Wo nicht nur Verliebte schwimmen

Der „Kanal der Liebe" an der schluchtenreichen Nordwestküste der Insel Korfu ist nicht nur etwas für Romantiker. Eine breite touristische Infrastruktur findet sich in dem Dorf Sidari.

Ionische Insel der Träume

Mit ihrer Landfläche von 592 km² ist Korfu die zweitgrößte Ionische Insel. Mit einer Länge von gut 60 km sowie der Breite zwischen 4 und 30 km verfügt Korfu über eine landschaftlich reizvolle und abwechslungsreich gegliederte, mehr als 200 km lange Küste mit Kaps und malerischen Buchten. Besonders schöne Strände zum Baden findet man auf Korfu vor allem an der Nordwestküste. Hier liegt Sidari, einer der bekanntesten Badeorte auf der Insel. Entlang der Uferstraße ziehen sich zahlreiche Restaurants, Cafés und Souvenirläden.

Die Briten kommen gern

Ein langer weißer Sandstrand, einge-grenzt von Klippen und Fjorden, zieht sich an der Nordküste Korfus zwischen Roda und Agios Stefanos bei Sidari ent-lang. Er bietet ausgezeichnete Bade-sowie Surfmöglichkeiten und wird be-sonders von Briten gern besucht.

Der bis 20 m lange Canal d'Amour am Ende des Strandes ist ein natürlicher Fels-tunnel, der zwei kleine Buchten ver-bindet. Nach einer Legende sollen Ver-liebte, die ihn durchschwimmen, bald heiraten oder ihnen zumindest Glück in der Liebe beschert sein. Weitere kilome-terlange Strände finden sich u. a. in den Urlaubsorten Acharavi, Almiros, Kassio-pi und Peroulades-Logas Beach.

AUF EINEN BLICK
SIDARI
Land: Griechenland **Region:** Insel Korfu **Beste Reisezeit:** April bis Oktober

Zum Pflichtprogramm eines jeden Korfu-Urlaubs gehört eine Fahrt nach Gastouri an der Ostküste zum sog. Achillion. Eine ehemalige venezianische Villa ließ die korfu-begeisterte österreichische Kaise-rin Elisabeth (Sisi) in ein Traumschloss mit prächtigem Garten umbauen. Von hier haben Besucher fantastische Aus-sichten auf die Küste Korfus und das Mittelmeer. Hier können sie vom medi-terranen Leben träumen.

„Kanal der Liebe" an der Küste bei Sidari

Große Schildkröten am Kaninchenstrand

Der „Kaninchenstrand" von Conigli vor der Insel Lampedusa lohnt einen Abstecher, liegt aber in einem Naturschutzgebiet. Hier legen die großen Unechten Karettschildkröten ihre Eier ab.

„Kaninchenstrand" vor der Südküste der italienischen Insel Lampedusa

Zwischen Europa und Afrika

Lampedusa rund 200 km südlich von Sizilien ist die größte der Pelagischen Inseln zwischen Italien und der nordafrikanischen Küste. Sie hat eine der höchsten durchschnittlichen Temperaturen am Mittelmeer (22,3 °C). Jährlich fallen nur etwa 300 mm Niederschlag, weniger als ein Drittel der Jahresdurchschnittsmenge in der Stadt München. Etwa 45 km nordöstlich von Lampe-dusa liegt die bewohnte Insel Linosa, rund 17 km nordwestlich befindet sich die unbewohnte Insel Lampione.

Insel vor der Insel

Der Spiaggia dei Conigli liegt auf einer kleinen, sonst unbewohnten Insel vor der Südküste Lampedusas zwischen Sizilien und der tunesischen Küste. Zum Strand führt ein nicht ganz einfacher Weg über Steintreppen. Unten angekommen, freuen sich die Besucher über einen weichen, angenehm warmen Sand, klares, türkisfarbenes Wasser und einen herrlichen Ausblick auf das Meer.

Schutz des Lebensraums

Die Conigli-Insel steht unter Naturschutz und gehört zur Riserva naturale orientata Isola di Lampedusa. Im Frühjahr und Herbst landen hier zahlreiche Zugvogelarten auf ihrem langen Weg Richtung Süden. Einen besonderen Schutz genießt

<table>
<tr><td>AUF EINEN BLICK</td></tr>
</table>

SPIAGGIA DEI CONIGLI
Land: Italien
Region: Insel Lampedusa
Beste Reisezeit: April bis Oktober

ebenfalls die Unechte Karettschildkröte (Caretta Caretta), die bis zu 1,2 m lang werden kann. Zwischen Juni und September legt sie nachts am Kaninchenstrand ihre Eier ab.

Eine der vielen kleinen Einbuchtungen der Spiaggia dei Conigli

123

Ferienfreuden in der Kvarner Bucht

Der kroatische Ferienort Stara Baska im Süden der beliebten Insel Krk ist bekannt wegen seiner herrlichen Sand- und Kiesstrände und seinem angenehmen warmen mediterranen Klima.

Insel an der Adria

Die kroatische Insel Krk in der Kvarner-Bucht südöstlich von Rijeka im Mittelmeer ist mit 405 km² fast genauso groß wie die Stadtfläche von Köln. Westlich von Krk liegt die etwa gleich große Insel Cres. Durch eine Brücke ist Krk seit 1980 mit dem Festland verbunden. Auf der Insel leben rund 18 000 Menschen.

Die für den Tourismus ganz erschlossen Insel Krk ist wegen ihrer attraktiven Lage sowie der Nähe zum süddeutschen Raum, zu Österreich und zu Oberitalien ein beliebtes Urlaubsziel. Neben mehr als 1000 Pflanzenarten finden sich in der reizvollen Natur der Insel allein mehr als 200 Vogelarten.

Reizvolle Küstenlandschaft

Stara Baska liegt in der Kvarner Bucht etwa 10 km von Punat entfernt. Die reizvolle Küstenlandschaft ist größtenteils noch naturbelassen. In Stara Baska und der näheren Umgebung befinden

Badeort Stara Baska im südwestlichen Teil der Ferieninsel Krk, Kroatien

Entspannung am Strand im kroatischen Teil der Adriaküste

sich in einer zerklüfteten, felsigen Landschaft einige der schönsten Strände auf Krk. Weil einige Buchten nur über das Wasser zu erreichen sind, fahren Boottaxis zwischen den Stränden.

Zahlreiche schöne Strände

Zu den weithin bekannten Ausflugszielen gehört Biskupici (Goldstrand) mit seinem sehr feinen Kiesstrand. Vor der Ortseinfahrt von Stara Baska liegt der malerische Strand Oprna. Etwa 1,5 km vom Ort entfernt befindet sich die Wildbucht Surbova, die über einen Schotterweg von Stara Baska aus zu erreichen ist; Badeschuhe nicht vergessen, denn

AUF EINEN BLICK
STARA BASKA
Land: Kroatien
Region: Insel Krk
Beste Reisezeit: April bis Oktober

im Wasser gibt es Seeigel! Für Familien mit kleineren Kindern besonders gut geeignet ist der 2 km lange Strand Vela Plaza in der Stadt Baska, der die Blaue Flagge für hohe Sauberkeit und Sicherheit erhalten hat. Neben einem Tretboot können die Besucher hier auch Surfbretter, Strandliegen und Sonnenschirme ausleihen.

Erholung an der Nordspitze Deutschlands

Der nördlichste Teil der Nordfriesischen Insel Sylt bei List ist eine Traumlandschaft. Zwischen Dünen und Heide grasen die Schafe, am Königshafen trainieren die Kite- und Windsurfer.

Langgezogene Halbinsel

Sylt zieht sich in Nord-Süd-Richtung vor der Nordseeküste des deutschen Bundeslandes Schleswig-Holstein und Dänemarks entlang. Die Kurorte Westerland, Kampen und Wenningstedt sowie der fast 40 km lange Weststrand haben die größte Nordfriesische Insel zum beliebten Reiseziel im Norden gemacht. Seit 1927 ist Sylt über den Hindenburgdamm mit dem Festland verbunden.

Der Ellenbogen ist eine rund 300 bis 1200 m schmale Halbinsel. Bei gutem Wetter reicht der Blick bis zur 4 km entfernten dänischen Nachbarinsel Rømø. Peitscht der Wind von Westen her, was im Frühjahr und Herbst oft der Fall ist,

bietet die Ostseite des Ellenbogens Schutz. Baden darf man wegen der gefährlichen Tiefenströmungen nicht.

Auch Campen, Grillen und „wildes Parken" sind verboten. Für die Nutzung der 5 km langen Ellenbogenstraße durch privates Territorium ist eine kleine Maut zu zahlen. Als Belohnung wartet vor allem in der Abenddämmerung ein traumhafter Spaziergang um den Ellenbogen.

Der Ellenbogen genannte nördlichste Teil der Insel Sylt mit dem Leuchtturm List Ost

Eine Inseloase der Ruhe

Obwohl Sylt zu den beliebtesten deutschen Inseln gehört, ist es am Ellenbogen, außer wegen des Windes und des rauschenden Meeres, ruhig. Es ist ein Natur- und Vogelschutzgebiet, in dem u. a. Möwen brüten. Die beiden großen Leuchttürme, die Mitte des 19. Jahrhunderts 3 km voneinander entfernt gebaut wurden, gelten als die nördlichsten Bauwerke Deutschlands.

Der Sylter Ellenbogen bei Ebbe

127

Wo der Nordseewind beständig weht

Texel ist mit seinem 30 km langen Sandstrand ein Paradies für
Urlauber. Die niederländische Insel prägen darüber hinaus schöne
Dörfer und eine beeindruckende Naturlandschaft.

Blick durch die Dünen von Texel auf die Nordsee

Sand, Sand, Sand

Texel ist mit etwa 24 km Länge und knapp 10 km Breite die größte der entlang der nordholländischen Küste eine Kette bildenden Westfriesischen Inseln. Von der Nord- bis zur Südspitze erstreckt sich ein 30 km langer, breiter Strand mit feinem Sand und Dünengürteln dahinter. Badende, Sandburgenbauer und der breitesten Strände der Insel. Von seiner Aussichtsplattform hat man einen tollen Blick über Texel und die Nachbarinsel Vlieland.

In dem Museum und Aquarium Ecomare werden u. a. verletzte Seehunde, Schweinswale und Kegelrobben gesund gepflegt. Das Naturgebiet der Lagune De Slufter, in das die Nordsee häufiger

Hütten am langen Strand der Westküste der niederländischen Insel Texel

Spaziergänger kommen ebenso auf ihre Kosten wie die in der teils hohen Brandung gleitenden Surfer. Zwischen den beiden Küsten im Westen und Osten liegt das flache Binnenland mit Feldern und Weiden. In der Mitte der Insel befindet sich das Feuchtgebiet Rommelpot.

Insel der Vielfalt

Texel bietet jedoch weit mehr als Strand und Meer. Der knallrote, 150 Jahre alte Leuchtturm liegt im Norden an einem

eindringt, besteht aus Prielen (Wasserkanälen) und Salzwiesen mit lila blühendem Strandflieder. In den Reservaten De Muy blühen Orchideen, in De Geul versammeln sich die Löffler.

AUF EINEN BLICK

TEXEL

Land: Niederlande
Region: Nordholland
Beste Reisezeit: Mai bis September

Der weite Himmel über der blauen Ostsee

In die Gemeinde Timmendorfer Strand nahe Lübeck kommen seit mehr als 100 Jahren Ferien- und Kurgäste, um die schönste Zeit des Jahres u. a. am 6,5 km langen Ostseestrand zu verbringen.

Baden und Kuren

Die Gemeinde Timmendorfer Strand hat als Nachbargemeinden Scharbeutz im Norden, Ratekau im Süden und Westen sowie Lübeck mit dem Stadtteil Trave-münde im Osten. Um 1880 schlossen sich die einzelnen Ansiedlungen zu einem Seebad zusammen. Aus dieser Gründerzeit stehen heute noch die Vil-

Blick zur neuen Seebrücke mit dem Restaurant „Wolkenlos" in Timmendorfer Strand bei Lübeck

Blick vom Brückensteg zum Hotel „Seeschlösschen"

len Grisebach und Gropius. Seit 1951 ist Timmendorfer Strand ein Ostseeheilbad. Die alte Seeschlösschenbrücke wurde 2010/11 durch eine rund 150 m lange Seebrücke mit asiatischem Teehaus ersetzt. Der mondäne Ferienort hat rund 1,5 Mio. Übernachtungen jährlich.

Natur und Kultur

Wer nicht nur am Strand liegen und im Wasser schwimmen möchte, findet in Timmendorfer Strand reichlich Abwechslung. Dazu gehören u. a. die Ostseetherme, das Meerwasseraquari-um Sea Life Centre, die weltgrößte Eulensammlung im Vogelpark des Ortsteils Niendorf und die holländische Windmühle. Im Neuen Kurpark befinden sich der Seepferdchenbrunnen und die denkmalgeschützte Trinkkurhalle.

AUF EINEN BLICK
TIMMENDORFER STRAND
Land: Deutschland **Region:** Ostholstein **Beste Reisezeit:** Mai bis September

Die Altstadt von Tropea auf einem Felsen oberhalb des Strandes

Kleinod an Italiens Küste der Götter

Auf einer Felsklippe an der Fußspitze des italienischen Stiefels liegt Tropea mit seiner gut erhaltenen Altstadt. In der Umgebung gibt es reizvolle Buchten und weiße Sandstrände.

Baden und Tauchen

Tropea liegt an der Küste der Götter (Costa degli Dei), die auch Costa Bella genannt wird. Von hier reicht der Blick weit über das Tyrrhenische Meer.

Die Stadt ist zweigeteilt. Unten am Meer befinden sich der touristische Hafen, der eher neue Stadtteil und der Strand. Das kristallklare Meer und der weiße Sand tragen zu einem entspannten Badeurlaub bei. Taucher können auf dem fisch-reichen Meeresgrund farbenprächtige Eindrücke sammeln. Vom Hafen aus sind die nahe gelegenen Äolischen Inseln Lipari und die Vulkaninsel Stromboli mit dem Boot leicht zu erreichen.

Flanieren und Genießen

Rund 60 m weiter oben, auf einem steilen Felsen, liegt die recht gut erhaltene Altstadt. Trotz seiner Beliebtheit hat das kleine kalabrische Städtchen viel von seinem süditalienischen Charme bewahrt. Die Boutiquen, Cafés und Restaurants in den engen Gassen laden zum Flanieren, Shoppen und Genießen der regionalen Küche ein. Zum Volksfest Sagra des Fettfisches und der roten Zwiebel im Juli kommen Tausende Gäste nach Tropea; die Stadt ist bekannt für ihre hochwertigen, süß schmeckenden roten Zwiebel-

gewächse. Hinter der Stadt laden Obst- und Weinfelder sowie Olivenhaine zu einem Spaziergang ein.

AUF EINEN BLICK
TROPEA
Land: Italien
Region: Kalabrien
Beste Reisezeit: Frühjahr bis Herbst

Wellen am Strand von Tropea im äußersten Südwesten des italienischen Festlandes

Der Charme des früheren Fischerdorfs

Vor mehr als 125 Jahren wandelte sich Ückeritz vom Bauern- und Fischerdorf zum Ostseebad. Der große Campingplatz ist seit Jahrzehnten Anlaufpunkt für Besucher der Insel Usedom.

Baumreihen und Sand am Ufer bei Ückeritz auf der Ostseeinsel Usedom

Treffpunkt der Camper

Im Jahr 1892 wurde Ückeritz Seebad und hatte es als Badeort zunächst schwer gegen die besser ausgestatteten deutschen Kaiserbäder der wilhelminischen Epoche. Zum Aufschwung trug aber die Einrichtung der Bahnlinie Swinemünde-Wolgast-Fähre bei, nun wuchs Ückeritz zur Ostsee hin. Zu DDR-Zeiten galt die fast 5 km lange Anlage im Dünenwald zwischen Ückeritz und Bansin als größter Campingplatz Europas. Nach der Wende 1990 wurde das auf Bansiner Gebiet liegende Areal geschlossen. Zur heutigen „Camping-City" am Strand gehören eine Einkaufsmeile sowie Kino, Cafés und Restaurants.

Ein Dorf mit Charakter

Ückeritz liegt an der Landenge zwischen Nord- und Süduseedom, inmitten einer landschaftlich reizvollen Region zwischen Ostsee und Achterwasser.

AUF EINEN BLICK

ÜCKERITZ

Land: Deutschland
Region: Insel Usedom
Beste Reisezeit: Mai bis September

Flach abfallender Strand, ruhige Ostsee

Rund 12 km östlich der Gemeinde liegt das Seebad Ahlbeck, 21 km westlich die Stadt Wolgast. Die abwechslungsreiche Küste um Ückeritz hat flache Sandufer und steile Klippen, den Ort umgeben Wiesen- und Waldflächen.

Der 7 km lange, flach abfallende Strand ist besonders für Familien mit Kindern geeignet. Vor den Bernsteinbädern lässt sich mit etwas Glück das Gold des Meeres entdecken. Aktivurlauber finden in Ückeritz reichlich Möglichkeiten: eine Kite- und Surfschule, den Kletterwald in Neu Pudagla, die Angelteiche sowie eine Minigolfanlage. Zum Flair des Ortes tragen die mit Reet gedeckten Häuser, die kleinen Gassen und der schicke Sportboothafen bei.

Blick von den Uferterrassen bei Varna auf das Schwarze Meer, Bulgarien

Die Königin des Schwarzen Meeres

Die drittgrößte Stadt Bulgariens nach der Hauptstadt Sofia und Plowdiw hat mehrere Kurorte und Strände in der Nähe und ist im Sommer eines der beliebtesten Urlaubszentren des Landes.

Die Sommerhauptstadt

Varna an der bulgarischen Schwarzmeerküste gilt als sonnigste Stadt Bulgariens und wegen ihrer reizvollen Sandstrände, der internationalen Festivals und Kongresse sowie ihrer vielfältigen Sport- und Freizeitanlagen als Sommerhauptstadt des Landes. Die Einheimischen nennen ihre seit dem 7. Jahrhundert unter diesem Namen bekannte Stadt mit ihrer bewegten Geschichte und ihrer reichen Kultur stolz die „Königin des Schwarzen Meeres".

Lange Geschichte

Griechische Siedler aus Milet gründeten die Stadt im 7. Jahrhundert v. Chr. Gut 1000 Jahre später, Ende des 6. nachchristlichen Jahrhunderts, diente Varna dem oströmischen Kaiser Maurikios auf den Balkanfeldzügen als Winterlager. Gegen Ende der jahrhundertelangen osmanischen Herrschaft erlebte die Stadt Mitte des 19. Jahrhunderts durch den Handel einen wirtschaftlichen Aufschwung. 1878 wurde Varna von der osmanischen Herrschaft befreit.

Felsformationen bei Varna am Ende des Goldstrandes

Golden schimmernder Sand

Die bekanntesten Strandregionen Varnas sind die „Heiligen Konstantin und Elena" 8 km nördlich, das Seebad Goldstrand etwa 18 km nordöstlich und der mondäne Ferienklub „Riviera" in unmittelbarer Nähe des Goldstrandes.

Der 3,5 km lange und bis zu 100 m breite Goldstrand besteht aus feinem, golden leuchtendem Sand. Obwohl die Sommer in Varna lang und warm und die Temperaturen des Schwarzen Meeres lange einschmeichelnd sind, sorgt eine oft wehende Brise für Erfrischung. An den Promenaden reihen sich Hotels, Geschäfte und Restaurants. Im Hinterland geht der Goldstrand in waldreiche Abhänge uber.

AUF EINEN BLICK
VARNA
Land: Bulgarien **Region:** Schwarzmeerküste **Beste Reisezeit:** Mai bis Oktober

Raue Landschaft und fantastische Lichtverhältnisse bei Vík í Mýrdal an der isländischen Südküste

Wildes Wasser und unruhige Erde

Der südlichste Ort auf dem isländischen Festland beeindruckt mit seinem Strand aus Sand und dunkler Lava. Hier treffen die heftigen Wellen des Atlantiks auf die bizarre Felsküste.

Am Reynisfjara-Strand

Vík í Mýrdal liegt südlich des Sees Heidarvatn. Nordwestlich erstreckt sich der Berg Reynisfjall, den Vogelforscher im Sommer zur Beobachtung der zahlreichen Papageitaucher und Eissturmvögel nutzen. Rund 6 km westlich des Ortes liegt die Vulkanhalbinsel Dyrhólaey. Der Strand Reynisfjara von Vík í Mýrdal gilt als einer der landschaftlich schönsten Nordeuropas. Aber Vorsicht, Abstand halten zum Wasser, damit die zum Teil wilden Wellen nicht zupacken!

Natur- und Kunstschätze

Aus dem tosenden Meer ragen die drei schwarzen Felsnadeln Skessudrangur, Landdrangur und Langsamur heraus. Der Legende nach sind sie versteinerte Trolle, die ein Schiff an Land bringen wollten. Der Gedenkstein Islandfischerei erinnert an die vor der Küste umgekommenen deutschen Hochseefischer und isländischen Helfer. Die bekannte einheimische Bildhauerin Steinunn Thorarinsdottir hat die Statue „Der Reisende" am Strand geschaffen.

AUF EINEN BLICK

VÍK Í MÝRDAL

Land: Island
Ort: Mýrdalur
Beste Reisezeit: Juli und August

Wilde Brandung am Strand von Vík í Mýrdal

139

Die Ostsee in Warnemünde bei Rostock im Abendlicht

Vor der Haustür der alten Hansestadt

Das traditionsreiche Ostseebad bei Rostock wird geprägt von einem breiten, weißen Sandstrand, dem idyllischen Alten Strom und dem maritimen Flair des ehemaligen Fischerdorfs.

Seebad mit Charakter

Das berühmte Ostseebad Warnemünde ist ein Ortsteil der alten Hansestadt Rostock und liegt an der nördlichen Mündung des Flusses Warnow in die Ostsee. Tradition und Moderne ergänzen sich in dem früheren Fischerdorf bestens.

Weithin sichtbar ist der 1898 erbaute, 30 m hohe Leuchtturm, daneben wurde 1967 der Teepott mit seinem schalenförmigen Dach errichtet. Er beherbergt neben gastronomischen Betrieben einen Maritim-Shop. Die schöne Strandpromenade lockt jährlich tausende Gäste nach Warnemünde. Die Fischerhäuschen in der Altstadt wurden liebevoll restauriert.

Sonne tanken und baden

Schon 1834 gab es in Warnemünde ein Damen- und ein Herrenbad. Der Badestrand nahe der Westmole besteht aus feinem weißem Sand. Er sorgt auch bei Familien mit kleinen Kindern für unbeschwertes Badevergnügen. Etwa 5 km westlich, am Hochufer des Ausflugsortes Wilhelmshöhe, ist er mit Kieselstei-

---

AUF EINEN BLICK

WARNEMÜNDE

Land: Deutschland
Ort: Rostock
Beste Reisezeit: Mai bis September

Teepott und Leuchtturm, Wahrzeichen von Warnemünde

nen durchsetzt. Dieser Strandabschnitt wird gern von FFK-Freunden besucht. Die Sauberkeit von Stränden und Wasser wurde durch die Verleihung des Umweltsymbols der Blauen Flagge mehrfach bestätigt.

Warnemünde ist Deutschlands bedeutendster Kreuzfahrthafen. Jeden Sommer finden im Stadtteil die Warnemünder Woche und die Hanse Sail statt, die mehr als eine Million Besucher an die Ostseeküste locken.

Vom Strandspaß zur Walbeobachtung

Das auch als Bacardi-Insel bekannte kleine Eiland erfüllt mit
Sonne, Wasser und lässigem Leben manchen karibischen Urlaub-
straum. In der umgebenden Bucht sind Wale zu sehen.

Karibischer Abend auf der dominikanischen Insel Cayo Levantado

Malerische Bucht

Die 2 km lange und etwa 500 m breite, unter Naturschutz stehende Insel Cayo Levantado ist auch als Bacardi-Insel bekannt, weil hier ein Werbespot für die berühmte Rummarke gedreht worden sein soll. Sie liegt 7 km südöstlich des Hafens der Stadt Santa Bárbara de Samaná in der Bucht von Samaná und ist von dort aus mit dem Boot in rund

Naturspektakel im Meer

Im Winter nutzen bis zu 3000 Buckelwale die Samaná-Bucht für das Kalben. In dem für sie flachen, bis zu 45 m tiefen Gewässer können die frisch geborenen Säugetiere zum Atmen schnell an die Meeresoberfläche gelangen. Von Booten aus können die Meeresgiganten beim Springen und Abtauchen aus der Nähe beobachtet werden. Um die Wale

Bootssteg, von dem es u. a. zur Walbeobachtung hinausgeht

15 min zu erreichen. Die Insel steht, wie die meisten Cayos in der Bucht, unter Naturschutz. Cayo Levantado hat zwei Palmenstrände mit sehr feinem weißem Sand, einer davon ist für die Gäste eines Luxushotels reserviert. Die Einheimischen führen Urlauber mit Booten zur Walbeobachtung hinaus. Wer es ruhiger mag, sollte diesen schönen Flecken morgens oder spätnachmittag besuchen.

zu schützen, müssen kleine Boote einen Abstand von 30 m und größere Boote von 50 m einhalten.

AUF EINEN BLICK

CAYO LEVANTADO

Land: Dominikanische Republik
Region: Samaná-Bucht
Beste Reisezeit: November bis April

Die Samba-Hauptstadt am Atlantik

Der berühmteste Strand der Welt in Rio de Janeiro ist fast das ganze Jahr über bevölkert. Hotels, Cafés, Restaurants und Bars ziehen sich an der Strandpromenade entlang.

AUF EINEN BLICK

COPACABANA

Land: Brasilien
Ort: Rio de Janeiro
Beste Reisezeit: Mai bis Oktober

Copacabana – rauschendes Wasser am berühmtesten Strand der Welt

Copacabana mit der Skyline von Rio, im Hintergrund links der Zuckerhut

Lebenskunst am Zuckerhut

Rio de Janeiro, die Stadt am Zuckerhut, dem 395 m hohen Bergfelsen aus Granit, ist bekannt für viele imposante Sehenswürdigkeiten. Verschiedene Stile von neoklassizistischen Gebäuden im Zentrum über Kirchen und Klöster der Kolonialzeit bis zu modernen Gebäuden prägen die Stadt. Die Einheimischen (Cariocas) zeigen beim jährlichen Karneval ihr südländisches Temperament. Lange Sandstrände bieten Stadtbewohnern und Gästen jede Menge Unterhaltung und Erholung. Neben der 4 km langen Copacabana im gleichnamigen Stadtteil gehört der Strand von Ipanema zum Stadtgebiet.

Samba am Sandstrand

Die Copacabana wurde in Liedern besungen, sie war und ist Schauplatz von Filmen und Romanen und der wichtigste Publikumsmagnet Rios. Hier begeisterte die britische Rockband The Rolling Stones am 19. Februar 2006 bei einem Gratiskonzert rund 1 Mio. Menschen. An der halbmondförmigen Strandpromenade ziehen sich Hotels, Bars und Restaurants entlang.

Die Copacabana ist bis auf wenige Ausnahmen für jeden zugänglich. Die körperbewussten Stadtbewohner zeigen am Strand gern, was sie haben. Zu Strandsport, Baden und Party gesellen sich zahlreiche Schönheiten.

Für jeden Tag einen anderen Strand

Zu Antigua und Barbuda, einem der malerischen Inselstaaten der Kleinen Antillen, sollen 365 Strände gehören. Im Osten Antiguas ragt das Naturdenkmal Devil's Bridge in den Atlantik.

Paradies Antigua: Sand und Wellen wie im Traum

Üppige, facettenreiche Natur

Antigua und Barbuda bestehen aus einer Vielzahl glasklarer Lagunen mit weitläufigen, palmengesäumten Stränden. Auf der lebhaften Hauptinsel Antigua sind eindrucksvolle Ausflüge in den üppigen tropischen Regenwald und geheimnisvolle Höhlen möglich.

Das 4 km lange Cades Reef im Süden Antiguas ist ein faszinierendes Tauchrevier und lockt Unterwasserfreunde aus der ganzen Welt. Am Devil's Bridge haben die Brecher des Atlantiks einen natürlichen Rundbogen aus dem Kalkstein geformt. Barbuda ist ruhiger und fast unberührt. Hier gibt es ein artenreiches Vogelschutzgebiet und kilometerlange einsame Naturstränd.

Auf einen Blick
HALF MOON BAY
Land: Antigua und Barbuda
Ort: Kleine Antillen
Beste Reisezeit: Dezember bis Mai

Eine Bucht als Halbmond

Im Osten Antiguas liegt die Half Moon Bay, wo die Natur eine der schönsten Buchten der Karibik ausgebildet hat. Da es am feinen, fast weißen Sandstrand meist nur wenige Menschen und keinen Schatten gibt, sollten Besucher sich um einen Sonnenschutz kümmern. Wer sich nicht nur von den warmen Wellen umspielen lassen möchte, kann einen schönen Strandspaziergang unternehmen.

Die halbkreisrunde Half Moon Bay auf der Karibikinsel Antigua

Party beim Sonnenuntergang am Pazifik

Der Strandort nördlich von Trujillo ist berühmt wegen seiner delikaten Fischrestaurants und seinen Schilfbooten, mit denen die Fischer seit mehr als 1000 Jahren auf das Meer hinausfahren.

Schilfboote (Caballitos de Totora) in Huanchaco im Nordwesten Perus

Idylle am Pazifik: Strand von Huanchaco im abendlichen Licht

Fischfang mit Tradition

Huanchaco ist ein Dorf rund 13 km nördlich des Ballungsraums Trujillo. Ein morgendlicher Spaziergang durch die kleinen Gassen führt hinauf zur Barockkirche Virgen del Perpetuo Socorro auf einem kleinen Berg. Von hier eröffnet sich ein wunderbarer Panoramablick über Huanchaco und den Pazifik. Auf dem Rückweg lohnt ein Abstecher auf den lokalen Markt, wo bis mittags die Fische der letzten Nacht verkauft werden. In Huanchaco fahren die Einheimischen seit mehr als 1000 Jahren mit den traditionellen Schilfbooten hinaus, den Caballitos de Totora (Schilfpferdchen), die überall am Strand aufgestellt sind. Die 4–5 m langen schlanken Boote, die erstaunlich stabil sind, können eine Nutzlast bis zu 250 kg tragen.

Abendstimmung am Strand

Am Pier von Huanchaco weht immer eine frische Brise, was die Surfer hinaus auf das Meer treibt. Auswertige Besucher sollten den fantastischen Sonnenuntergang am Strand nicht verpassen. Abends kommen hier die Bewohner des Dorfes zusammen, spielen auf Instrumenten, verkaufen Schmuck und genießen zusammen mit den Touristen die traumhafte Stimmung am Meer. Eine bemerkenswerte internationale Verbrüderung auf peruanische Art.

> ### AUF EINEN BLICK
>
> **HUANCHACO**
> **Land:** Peru
> **Ort:** Trujillo
> **Beste Reisezeit:** Juni bis September

Die geheimnisvollen Spuren der Maya

Das Inselparadies an der mexikanischen Karibikküste ist für ruhebewusste Urlauber eine erholsame Alternative zur nahe gelegenen quirlig-mondänen Touristenhochburg Cancún.

Strand auf der „Insel der Frauen" an der mexikanischen Karibikküste

Insel der Frauen

Die 8 km lange und nur wenige hundert Meter breite Isla Mujeres (Fraueninsel) liegt nördlich der mexikanischen Stadt Cancún an der Karibikküste. Vermutlich wurde sie nach den weiblichen Tonfiguren der Maya-Kultur benannt. Vom Geheimtipp der Rucksacktouristen wandelte sich die Insel zum Mekka der Pauschalurlauber, doch ist das Leben auf der Insel deutlich ruhiger als in Cancún. Der beliebteste Strand ist die Playa Norte mit ruhigem, kristallklarem Wasser.

Vor der Küste schuf der britische Künstler Jason de Caires Taylor in den Jahren 2010/11 in 9 m Tiefe einen spektakulären Unterwasser-Skulpturenpark mit 400 lebensgroßen Figuren.

AUF EINEN BLICK
ISLA MUJERES
Land: Mexiko
Ort: Cancún
Beste Reisezeit: November bis April

Eine Trauminsel aus Licht und Farben

Die langgestreckte Bahamasinsel Harbour Island hat einen weltweit einzigartigen hellrosa Strand zu bieten. Er ist entstanden durch Ablagerungen von Mikroorganismen aus dem Meer.

Ein Fest für die Sinne: rosafarbener Sand und Meeresrauschen am Pink Sand Beach auf den Bahamas

Weißer Sand und rote Panzer

Harbour Island ist 170 km lang, jedoch lediglich 3 – 8 km breit. Berühmt ist sie wegen ihres fast 5 km langen rosafarbenen Sandstrandes, den es sonst nur noch an wenigen Stellen auf der Welt gibt. Die Farbe entsteht beim Aufeinandertreffen von weißem Sand und den Gehäuseresten von Kleinstlebewesen (Foraminiferen) mit rotem Panzer, die vom Korallenriff aus dem Atlantik angespült werden. Zu diesem prächtigen Bild passen die Meerfarben in allen Blautönen, die pastellfarbenen Strandhäuser und die weiß gestrichenen Holzzäune. Dazu gesellen sich in Dunmore Town die für ihre karibische Lebensfreude bekannten Insulaner.

AUF EINEN BLICK

PINK SAND BEACH

Land: Bahamas
Ort: Dunmore Town
Beste Reisezeit: Dezember bis Mai

Bucht von Punta del Este an der Atlantikküste Uruguays

Die Perle Uruguays am Atlantik

Im Süden Uruguays liegt auf einer idyllischen Halbinsel eines der gefragtesten Reiseziele Südamerikas. In den luxuriösen Badeort Punta del Este kommen internationale Prominente.

VIPs an der Hafenpromenade

Paradiesische Strände, schicke weiße Häuserfassaden, türkisfarbenes Wasser und ein Hauch Glamour prägen den Küstenort Punta del Este rund 140 km östlich der Hauptstadt Montevideo. Der Badeort liegt am äußersten Ende der Mündung des Río de la Plata teilweise auf einer Halbinsel. Die meisten ausländischen Besucher kommen aus dem Nachbarland Argentinien.

Die Schönen und Reichen haben mit ihren luxuriösen Jachten im Hafen im Westen der Stadt angelegt und sind auf exklusive Erlebnisse sowie Partys aus. An der Uferpromenade treffen sie sich in edlen Restaurants und schicken Diskotheken. Im südamerikanischen Sommer ist hier immer etwas los, im Winter von Juni bis August versinkt Punta del Este in einen tiefen Schlaf.

Steinskulptur Los Dedos am Strand von Punta del Este

Strände für jede Gelegenheit

Punta del Este ist reich an traumhaften, weißen Stränden wie dem wellenreichen La Brava. Hier befindet sich eines der Wahrzeichen des Badeortes: Das Monument Los Dedos, eine Steinskulptur aus fünf Fingern, schuf der chilenische Künstler Mario Irrazábal 1982 während einer Kunstmesse in sechs Tagen. Am Strand La Mansa am Rande des Río de la Plata ist das Meer sanft und ruhig. Weitere schöne Strände der Stadt sind El Placer, El Emir, Playa de los Ingleses, Punta Ballena und für FKK-Freunde ein Sandabschnitt mit dem niedlichen Namen Chihuahua.

Gegenüber der Stadt, im Río de la Plata, liegt die kleine Isla Gorriti. Sie ist unbewohnt, aber touristisch erschlossen und lockt vor allem Wassersportler an.

Vor der Atlantikküste im östlichen Teil der Halbinsel ragt die Isla de Lobos aus dem Meer. Hier lebt eine größere Kolonie Seelöwen, die auf Ausflugsfahrten von Punta del Este aus mit dem Schiff beobachtet werden können.

> **AUF EINEN BLICK**
>
> **PUNTA DEL ESTE**
>
> **Land:** Uruguay
> **Region:** Maldonado
> **Beste Reisezeit:** November bis März

Doppelinsel im Karibischen Meer

Der kleine Inselstaat begeistert Karibikfans mit langen weißen Sandstränden, klarem Wasser und artenreicher Meeresfauna. Einer der beliebtesten Badeorte ist die Halbinsel Frigate Bay.

Halbinsel Frigate Bay auf der Karibikinsel Saint Kitts

Von Spaniern und Briten

Der genuesische Seefahrer in spanischen Diensten Christoph Kolumbus entdeckte die beiden Inseln 1493 auf seiner zweiten Amerikafahrt als erster Europäer und nannte sie San Cristobal sowie Nuestro Señora de Las Nievas. 1967 wurden sie britisches Autonomiegebiet und 1983 unabhängig. Auf Saint Kitts, der größeren der beiden Inseln, künden drei Vulkankegel von einer bewegten Erdgeschichte. Die 4 km südlich gelegene runde Insel Nevis hat als höchste Erhebung den Mount Nevis (1090 m).

Rund um Frigate Bay

Die Bucht erstreckt sich wie ein langer Flaschenhals 5 km außerhalb der Hauptstadt Basseterre nach Südosten. Die Landenge zwischen Atlantikküste und Karibischer See misst maximal 2 km. Zu den bekanntesten Sandstränden gehört die leicht gebogene Banana Bay im äußersten Südosten. Daran schließt sich die Cockleshell Bay an. Turtle Beach ist ein durch ein Riff geschützter grauer Sandstrand. In der White House Bay legen Segler an, Taucher durchstreifen vorgelagerte Riffe und Schiffswracks.

AUF EINEN BLICK

SAINT KITTS AND NEVIS

Land: Saint Kitts and Nevis
Region: Kleine Antillen
Beste Reisezeit: Dezember bis April

Einer der vielen Strandabschnitte in der Frigate Bay

Karibisches Meer rund um die Britischen Jungferninseln

Paradies für Urlauber und Steueroase

Die Jungferninseln zwischen Atlantik und Karibik leben traditionell vom Fremdenverkehr. Ihren Besuchern bieten sie ein tropisches Urlaubserlebnis vor einer beeindruckenden Naturkulisse.

Britische Jungferninseln

Bei Touristen und ausländischen Briefkastenfirmen besonders beliebt sind die Britischen Jungferninseln mit ihren mehr als 60 Eilanden und Riffs. Immer mehr Kreuzfahrtschiffe legen in den Buchten an. Das sagenhafte türkisfarbene Meer mit den zahlreichen Riffs lädt zum Tauchen, Fischen und Schwimmen ein.

Tortola ist die größte in der Reihe der vulkanisch aktiven Inseln mit schönen Stränden und Buchten, Forts, Ruinen und als besonders gastfreundlich geltenden Einheimischen. Auf Virgin Gorda gibt es verschiedene Jacht-Clubs, feine Resorts und verträumte Strände. Die winzige Insel Jost van Dyke lockt mit tollen Stränden und Schatten spendenden Kokospalmen. Fähren bringen ihre Gäste zu den einzelnen Eilanden.

US-Jungferninseln

Diese Inselgruppe durchzieht eine größtenteils steinige, hügelige bis gebirgige

AUF EINEN BLICK
VIRGIN ISLANDS **Länder:** Großbritannien, USA **Region:** Kleine Antillen **Beste Reisezeit:** Dezember bis April

Landschaft. Die Inseln St. Croix, St. John und St. Thomas bieten anspruchsvolle Gastronomie, türkisblaues Wasser und malerische Städte. Die Korallengärten sind ein Paradies für Taucher. Auf der ruhigen Insel St. John finden Wanderer schöne Wege und abgelegene Buchten. Die von Puerto Rico verwalteten Spanischen Jungferninseln als dritter Teil der Virgin Islands mit den Hauptinseln Culebra und Vieques sind ebenfalls Teil der Vereinigten Staaten von Amerika.

Echte Karettschildkröte in den Gewässern der Virgin Islands

157

Abendstimmung auf der Halbinsel Cape Cod in Massachusetts

Wo die Kennedys ihre Ferien verbrachten

Die in den Atlantik ragende Halbinsel in Neuengland ist eines der beliebtesten und vornehmsten Reiseziele an der Ostküste der USA. Hier machten schon die Kennedys Ferien.

Ein Präsident im Urlaub

US-Präsident John F. Kennedy (1917 bis 1963) erholte sich mit seiner Familie vom anstrengenden Amt im Weißen Haus am liebsten an der Küste seines Heimatstaates Massachusetts. Am Anfang der Halbinsel Cape Cod (Kabeljaukap) liegt Hyannisport, wo die Kennedys auf einem großen Anwesen am Meer jahrzehntelang residierten. Bis heute verbringen Tausende Landsleute vor allem im Juli und August auf Cape Cod ihre Ferien mit Segeln, Strandspaziergängen und Schwimmen in der Brandung.

AUF EINEN BLICK
CAPE COD
Land: USA **Region:** Massachusetts **Beste Reisezeit:** Mai bis September

Reizvolle Strandlandschaften

Auf Cape Cod und den dazugehörigen Inseln gibt es mehr als 100 Strände. Die Abschnitte im Norden liegen in einer Bucht und sind mit ihrem feinen Sand und ruhigen Wasser ideal für Familien mit kleinen Kindern.

Auf der dem Atlantischen Ozean zugewandten Seite rollen deutlich stärkere Wellen an Land. Am Coast Guard Beach, der zum Cape Cod National Seashore gehört, kann man wunderbar schwimmen, Vögel beobachten oder durch die grandiose Dünenlandschaft mit Blick auf das Meer wandern. Viele Prominente zieht es an die malerischen Strände der Inseln Martha's Vineyard und Nantucket. Die Strände und Gewässer um Martha's Vineyard dienten als Kulisse für Steven Spielbergs Filmschocker „Der weiße Hai" (1975).

Station der US-Lebensrettungsgesellschaft auf Cape Cod

Das lässige Leben der Sonnenanbeter

Die kalifornische Millionenmetropole San Diego lockt direkt vor der Haustür Surfer, Schwimmer und Sonnenanbeter ans Meer. Coronado Beach ist einer der beliebtesten Strände der USA.

Das renovierte Hotel del Coronado, erstmals errichtet im Jahr 1888

Der Ursprung Kaliforniens

San Diego hat den Ruf, die Geburtsstätte Kaliforniens zu sein, nirgendwo sonst an der Pazifikküste stehen mehr historische Gebäude. Hier ging 1542 der portugiesische Seefahrer Juan Rodriguez Cabrillo an Land. Im Balboa Park lässt sich entlang einer Museumsmeile mit historischen Fassaden die Geschichte der Region verfolgen. Unweit des Strandes liegt das 1888 errichtete Hotel del Coronado, das damals das größte Urlaubshotel der Welt war und bereits elektrisches Licht hatte. Berühmte Gäste waren u. a. der britische Prinz Edward, Stummfilmstar Charlie Chaplin sowie fast alle US-Präsidenten seit 1900.

Die ohnehin selbstbewussten und gastfreundlichen Kalifornier sind stolz auf ihre traditionsreiche Stadt. Wegen des angenehmen Klimas wird San Diego von seinen Bewohnern als „America's Finest City" bezeichnet.

Coronado Beach bei San Diego im Sonnenstaat Kalifornien

Die Kunst des Lebens

Coronado Beach (Strand der Gekrönten) liegt nur wenige Kilometer vom Zentrum der Millionenmetropole entfernt. Hier herrscht die typische kalifornische Mischung aus Glamour, Lässigkeit und spektakulärer Natur.

Einheimische und Touristen aus aller Welt springen in die langen Wellen, entspannen sich beim Angeln oder Bootfahren, gleiten auf dem Bodyboard oder rasen mit dem Jetski über das Wasser.

Am feinen Ocean Boulevard am Central Beach reihen sich stilvolle Villen, Boutiquen und edle Restaurants aneinander. Hier lässt sich abends schön flanieren.

Auf einen Blick
CORONADO BEACH
Land: USA
Ort: San Diego (Kalifornien)
Beste Reisezeit: Mai bis September

161

Hapuna Beach auf Big Island, der größten Insel Hawaiis

Amerikas Trauminsel im fernen Pazifik

Die vulkanische Inselgruppe Hawaii liegt Tausende Kilometer vor der Westküste der USA. Dennoch ist es das Urlaubsziel Nr. 1 der US-Amerikaner. Die Wellen locken die weltbesten Surfer.

Die Perle im Pazifik

Der US-Bundesstaat Hawaii liegt mitten im riesigen Pazifischen Ozean etwa 3700 km von der kalifornischen Küste entfernt. Zu dem Archipel gehören 132 Inseln, von denen Niihau, Kauai, Oahu, Molokai, Lanai, Kahoolawe, Maui und Hawaii (Big Island) die größten sind. Die vulkanischen Gebirge der Inselgruppe ragen bis zu 4200 m aus dem Meer, die tropische Pflanzen- und Tierwelt ist

ausgesprochen artenreich. Das konstant milde und ausgewogene Klima treibt das ganze Jahr Touristen auf die Inseln.

AUF EINEN BLICK
HAPUNA BEACH
Land: USA
Region: Insel Hawaii
Beste Reisezeit: April bis September

Sonne, Sand und Wellen

Der berühmteste Strand Hawaiis ist Waikiki in der Hauptstadt Honolulu, allerdings ist er stark überlaufen. Zu den schönsten Stränden der Inselgruppe zählen die Urlauber aus der ganzen Welt immer wieder den weitläufigen, weniger frequentierten Hapuna Beach auf Big Island. Er ist rund 800 m lang, hat hellen Sand und große Wellen.

Das ganze Jahr über finden Einheimische und Touristen in diesem Ferienparadies gute Bedingungen zum Schwimmen, Body-Boarding, Sonnenbaden und Schnorcheln. Besucher sollten Sonnenschutz mitnehmen, denn es gibt nur wenige schattenspendende Palmen und Bäume. Die anspruchsvollsten Surfstände finden sich auf der Insel Oahu.

Heller Sand, große Wellen und wenige schattenspendende Palmen

An der Ostküste der Südstaaten

Der weiträumige Strand in den Outer Banks des US-Bundes-staates North Carolina wurde mehrfach ausgezeichnet. Feiner Sand und sanfte Wellen machen ihn zum echten Erlebnis.

Ocracoke Lifeguarded Beach und Leuchtturm an der US-Atlantikküste in North Carolina

Flair der Südstaaten

Die US-amerikanischen Zwillingsstaaten North und South Carolina haben Strand-urlauber aus Europa nicht unbedingt als Erstes auf ihrem Schirm. Und doch bietet die Atlantikküste der beiden Süd-staaten wunderbar feine Sandstrände, weite Dünenlandschaften und ein ge-mäßigt warmes Klima. Hinzu kommen im Hinterland geschichtsträchtige Städ-te wie Charlotte und Charleston und Gebirgslandschaften im Westen wie die Blue Ridge Mountains. Der Charme und die Vielfalt der Südstaaten sind in den beiden Carolinas erhalten geblieben.

AUF EINEN BLICK

OCRACOKE LIFEGUARDED BEACH
Land: USA
Region: North Carolina
Beste Reisezeit: Mai bis September

Ocracoke Lifeguarded Beach an der US-Atlantikküste in North Carolina

Spitzenreiter im Ranking

Der Ocracoke Lifeguarded Beach wurde 2007 zum schönsten Strand der USA gewählt. Der Ökologe Stephen Leatherman alias Dr. Beach gibt jedes Jahr eine Liste heraus, die von Urlaubern viel beachtet wird. Zu den 50 Kriterien gehören u. a. Wasserqualität, Klima, Infrastruktur sowie Flora und Fauna.

Im riesigen Strandbereich verlieren sich die Besucher. Über Holzstege und große Dünen gelangt man ans Wasser. Der Sand ist feinkörnig und hell, die sanften Wellen rollen in langen Zügen an den Strand, oft weht eine frische Brise.

In dem 1000-Seelen-Dorf von Ocracoke mit seinen schönen historischen Plätzen gibt es Gelegenheit zum Shoppen, Kinder können auf den „Banker-Ponys" reiten. Der 1823 gebaute Leuchtturm und das Museum der Ocracoke Preservation Society geben interessante Einblicke in die Geschichte der Region.

Insel Siesta Key vor der Südwestküste Floridas

Relaxen am blauen Golf von Mexiko

Die im Südwesten Floridas gelegene kleine Insel ist über zwei Brücken mit dem Festland verbunden. Mit dem Siesta Beach hat sie einen der attraktivsten Strände des Landes.

Im Westen Floridas

Siesta Key ist ein Teil der Barrier Islands und gehört zum Sarasota County in Florida. Die 12 km lange Insel mit ihrem subtropischen Klima hat vielfach ausgezeichnete Traumstrände zu bieten.

Hier scheint an 250 Tagen im Jahr die Sonne, selbst im „kühlen" Januar wird es noch bis zu 21 °C warm. Mit seinen schmucken Geschäften und Kneipen er-

innert die Insel ein wenig an Key West, doch ist Siesta Key weniger voll.

AUF EINEN BLICK
SIESTA KEY
Land: USA
Region: Florida
Beste Reisezeit: September bis April

Beobachtungstürmchen am Strand von Siesta Key

Ruhe oder Aktivurlaub

Die drei Hauptstrände der Insel sind Siesta Key Beach, Crescent Beach und Turtle Beach. Siesta Key Beach wurde mehrfach zum besten Strand der USA gekürt. Er führt sanft abfallend ins azurblaue Meer, wo keine Steine oder Seegras auf dem Grund stören. Auch der Crescent Beach ist wegen seines weißen Sandes beliebt.

Der etwas abseits gelegene Turtle Beach am südlichen Ende der Insel besteht aus grobem Muschelsand und fällt steil ins Meer ab; Muschelsucher werden hier immer noch reichlich fündig.

Überall auf der Insel können Fahrräder, Scooter, Kajaks, Paddleboards, Segways, Jetski, Motorboote und Angelgeräte gemietet werden.

Surferparadies auf Vancouver Island

Im Sommer ziehen Aktivurlauber in den kleinen Ort auf der Insel vor Vancouver ein. Auf den hohen Pazifikwellen gleiten die Surfer, Naturfreunde entdecken die vielfältige Wildnis der Insel.

Surferfreuden bei hohen Wellen auf Vancouver Island

Metropole am Pazifik

Die malerische Lage am Pazifik, das milde Klima, schöne Strände und Buchten, eine imposante Bergwelt, eine Fülle an kulturellen Angeboten und eine vielschichtige Bevölkerung machen Vancouver zu einer der reizvollsten Städte der Welt. Die Stadt besitzt bedeutende Museen und Sportstätten und war 2010 Schauplatz der Olympischen Winterspiele. Sie ist ein Mekka der kanadischen Film- und Musikindustrie, Wissenschafts- und New-Economy-Zentrum. Auf dem Stadtgebiet gibt es schöne Gärten wie den Queen Elizabeth Park, den Van Dusen Botanical Garden und den Stanley Park.

Malerische Insel

Mit der Fähre gelangt man auf das vor der Küste liegende, 450 km lange und 100 km breite Vancouver Island mit seiner britisch geprägten Provinzhaupt-

Selbst die härtesten Wellenreiter sind fast immer mit ihren Neoprenanzügen auf dem Wasser, denn der Pazifik an der Nordwestküste ist auch im Sommer

Sonnenuntergang am Strand von Tofino auf Vancouver Island, Kanada

stadt Victoria. An der Westküste der Insel liegt der kleine Ort Tofino, der im Sommer zum Anziehungspunkt für Surfer, Wanderer und Camper wird.

Die beliebtesten Strände auf Vancouver Island für Surfer aus Kanada und von anderswo sind Long Beach, MacKenzie Beach, Chesterman Beach, Wickanninish Beach und Cox Bay Beach.

kalt. Vor der Küste bietet sich ein Naturschauspiel, denn es ziehen Wale vorbei.

AUF EINEN BLICK

TOFINO

Land: Kanada
Region: Vancouver Island
Beste Reisezeit: Juni bis September

Die größte Südwasserbucht der Welt

Wer dem Großstadtleben in der kanadischen Metropole Toronto im Sommer entfliehen will, reist Richtung Norden in den Ferienort Wasaga Beach am malerischen Huronsee.

Abend am Wasaga Beach am Huronsee in der kanadischen Provinz Ontario

Abseits der Metropole

Wasaga Beach liegt ca. 140 km von der Fünf-Millionen-Metropole Toronto entfernt am südlichsten Punkt der Georgian Bay. Mit 15 000 km² entspricht die größte Süßwasserbucht der Welt etwa der Fläche Schleswig-Holsteins.

Der Ferienort zieht sich rund 15 km die Küste entlang. Das weiträumige Dünengebiet in Wasaga und die Mündung des Nottawasaga River wurden zum Naturschutzgebiet erklärt. Deshalb sind im Frühjahr und Sommer die nördlichsten Teile des Sandstrandes wegen der Brutgebiete der Vögel (u. a. Gelbfuß-Regenpfeifer) gesperrt.

Den weitläufigen Wasaga Beach Provincial Park durchziehen rund 50 km Wanderwege, auf denen die naturverbundenen Kanadier die vielfältige Fauna und Flora rund um die Bucht erkunden.

Luftaufnahme der Küstenlinie von Wasaga Beach am größten Süßwassersee der Welt

Ansturm im Sommer

Im relativ kurzen kanadischen Sommer besuchen mehr als 2 Mio. Touristen den Strand von Wasaga Beach. Er besteht aus feinem hellen Sand, das Wasser ist anfangs sehr flach und im Sommer recht warm. Neben Baden im See bieten sich Segeln, Kanutouren sowie Golfspielen und Radfahren an. Im fischreichen Fluss Nottawasaga werden Forellen geangelt. Wasaga Beach wird auch im harten kanadischen Winter besucht. Dann gibt es gute Möglichkeiten zum Skilanglauf, Skibobfahren und Eishockey.

AUF EINEN BLICK

WASAGA BEACH

Land: Kanada
Region: Ontario
Beste Reisezeit: Juni bis September

Zwischen Filmset und Urlaubskulisse

Der malerische, breite Strand in der Nähe von Malibu ist bei Film- und Fernsehteams ebenso beliebt wie bei Badegästen. Im Süden geht der Zuma Beach in den Westward Beach über.

Rauschende Brandung am Zuma Beach bei Malibu in Kalifornien

An der Santa Monica Bay

Die Kleinstadt Malibu an der südwestlichen Pazifikküste der USA ist als Surf City beliebt. Hier in der Bucht von Santa Monica im Sonnenstadt Kalifornien erstrecken sich mehrere bildschöne Strände wie Surfrider Beach, Broad Beach, Pirate's Cove und Zuma Beach sowie am nördlichen Ende Point Dume State Beach. Der Pacific Coast Highway, der legendäre Highway No. 1, führt direkt an der faszinierenden Küste entlang. Die Stadt Malibu wirbt mit einer rund 40 km langen Aussicht auf das Meer, und es kommen Gäste aus nah und fern.

172

Schauplatz von „Baywatch"

Berühmt wurde Zuma Beach als Drehort der weltweit erfolgreichen Fernsehserie „Baywatch" (1989 bis 2001). Praktisch alle Elemente aus der traumhaften Serienwelt um die Stars David Hasselhoff

Zuma Beach, Surferparadies und Drehort der weltweit erfolgreichen Fernsehserie „Baywatch"

und Pamela Anderson finden sich noch heute hier: gelbe Jeeps, Beobachtungstürme, Lifeguards und natürlich jede Menge braungebrannter, gut gelaunter Sonnenanbeter.

Der breite, feinsandige Strand gewährt einen wunderschönen Ausblick auf den türkisfarbig schimmernden Pazifik. Hier kann man joggen, schwimmen, surfen, angeln, tauchen, Beachvolleyball spielen und kalifornische Lässigkeit üben. Mit etwas Glück lassen sich im Meer Delfine und Seelöwen beobachten.

Zuma Beach ist der letzte der in diesem Buch vorgestellten Traumstrände. Aber er ist einer der interessantesten!